东亚朱子学的承传与创新

——以日本为中心

吴光辉 王 青——编著

DONGYA ZHUZIXUE DE CHENGCHUAN YU CHUANGXIN

知识产权出版社
全国百佳图书出版单位
—北京—

图书在版编目（CIP）数据

东亚朱子学的承传与创新：以日本为中心／吴光辉，王青编著．—北京：知识产权出版社，2020.7

ISBN 978－7－5130－6779－9

Ⅰ.①东…　Ⅱ.①吴…　②王…　Ⅲ.①朱熹（1130－1200）—哲学思想—研究—日本　Ⅳ.①B244.75

中国版本图书馆 CIP 数据核字（2020）第 027196 号

责任编辑：李学军　　**责任校对**：谷　洋
封面设计：刘　伟　　**责任印制**：卢运霞

东亚朱子学的承传与创新
——以日本为中心
吴光辉　王　青　编著

出版发行：知识产权出版社有限责任公司　　**网　　址**：http：//www.ipph.cn
社　　址：北京市海淀区气象路 50 号院　　**邮　　编**：100081
责编电话：010－82000860 转 8559　　**责编邮箱**：752606025@qq.com
发行电话：010－82000860 转 8101/8102　　**发行传真**：010－82000893/82005070/82000270
印　　刷：北京建宏印刷有限公司　　**经　　销**：各大网上书店、新华书店及相关专业书店
开　　本：710mm×1000mm　1/16　　**印　　张**：11.25
版　　次：2020 年 7 月第 1 版　　**印　　次**：2020 年 7 月第 1 次印刷
字　　数：166 千字　　**定　　价**：68.00 元
ISBN 978－7－5130－6779－9

国家社会科学基金重大项目
“东亚朱子学的承传与创新研究”（13&ZD062）结项成果之一

执笔者一览

（按照论著收录顺序）

朱人求：厦门大学哲学系特聘教授，博士研究生导师，厦门大学人文学院副院长，国学研究院副院长，国家重大招标项目“东亚朱子学的承传与创新研究”首席专家，《朱子学年鉴》执行主编。研究方向为宋明理学，尤其是朱子学研究。出版著作：《儒家文化哲学研究》（安徽人民出版社 2008 年）、《东亚朱子学的新视野》（与井上厚史合编，商务印书馆 2015 年）。

龚　颖：日本东北大学日本思想史专业博士学位，现任中国社会科学院哲学研究所研究员。研究方向为日本思想史，出版专著：《“似而非”的日本朱子学——林罗山思想研究》（学苑出版社 2008 年），译著：《政谈》（荻生徂徕著，中央编译出版社 2004 年）、《中国前近代思想的屈折与展开》（沟口雄三著，生活·读书·新知三联书店 2011 年）、《和辻哲郎与日本哲学》（熊野纯彦著，生活·读书·新知三联书店 2018 年）。

王　青：日本一桥大学社会学研究科博士，北京大学比较文学与比较文化研究所博士后，现任中国社会科学院哲学研究所东方哲学研究室副主任、研究员，博士研究生导师，中华日本哲学会副会长。出版专著：《日本近世儒学家荻生徂徕研究》（上海古籍出版社 2005 年），主编：《日本哲学思想研究论文集——卞崇道纪念特辑》（中国社会科学出版社 2015 年），译著：《新版〈政治经济学批判大纲〉的研究》（内田弘著，合译，北京师范大学出版社2011年）。

陈毅立：日本法政大学博士，现为同济大学国际文化交流学院副院长、副教授、日本学研究所所长、博士研究生导师。研究方向为东亚思想文化，出版专著：《近世东亚儒教的光芒》（上海交通大学出版社2015年），代表性学术论文：《有关辛亥革命以后“亚洲主义”构想的考察》（《新华文摘》2011年第14期）。

陈晓杰：日本关西大学东亚文化交涉学博士，法国社会科学高等研究院（2019—2021年）、京都大学（2017年）访问学者，现任武汉大学哲学学院助理教授。研究方向为宋明理学、日本江户时期儒学、政治思想史，出版专著；《朱熹思想诠释的多重可能性及其展开》（商务印书馆2020年），译著：《明代思想研究》（荒木见悟著，山东人民出版社2020年）。

吴光辉：日本京都大学日本哲学史博士课程修了，厦门大学教育学博士，现任厦门大学外文学院教授、博士研究生导师。研究方向为日本哲学思想史、比较文化学，出版专著：《日本的中国形象》（人民出版社2010年）、《他者之眼与文化交涉》（厦门大学出版社2013年），编著：《哲学视域下的东亚》（厦门大学出版社2018年），译著：《西田几多郎的现代思想》（河北人民出版社2011年）。

序

◇朱人求

"漠漠水田飞白鹭，阴阴夏木啭黄鹂。"在凤凰花开，莲塘飞鹭的灿烂夏日里，"日本朱子学的承传与创新"学术研讨会于2018年6月25—26日在厦门大学人文学院举行。本次会议由中国朱子学会、厦门大学人文学院、厦门大学国学院与厦门大学哲学系联合举办，共有26位来自全国高校及科研系统的专家学者参加了此次会议。

会议议程分为基调演讲与分科演讲两部分。在基调演讲部分中，桂岛宣弘教授、王青研究员、朱人求教授围绕会议主题分别发表演讲，为大会奠定基调。分科演讲部分中，中国社会科学院哲学所龚颖研究员，中国社会科学院日本所崔世广研究员，厦门大学外文学院副院长、中华日本哲学会副会长吴光辉教授，厦门大学人文学院谢晓东教授，上海师范大学石立善教授，日本立命馆大学殷晓星博士后，武汉大学哲学学院陈晓杰助理教授等学者宣读了论文，并围绕会议主题进行了详细且热烈的讨论。会议闭幕式由朱人求教授主持，吴光辉教授为本次会议作了总结。

朱子学体大精深，自南宋传至日本后逐渐受到文化精英阶层和统治阶层推崇，最终形成了颇有当地特色的"日本朱子学"。在将"日本朱子学"的概念作为主题的本次会议中，与会学者进行了集中而有效的讨论，不仅对日本朱子学的研究现状进行了总结，同时还对日本朱子学研究的未来方向进行了拓展，具有极为重要的理论意义与实践价值。

本书既是对这次会议的总结与纪念，也是国家社会科学重大项目"东亚朱子学的承传与创新研究”的结项成果之一。本书共收录了九篇论文，分为三编。主要内容如下。

第一编“日本朱子学的理论承传”收录了三篇论文，主要阐述了林罗山、芦东山、横井小楠的朱子学。龚颖《林罗山与朱子学——以理气论为中心》一文，通过与朱熹理气论进行对比考察，确认了林罗山理气论的思想特色。元和六年（1620年）以前林罗山曾在朱子学式的思想和阳明学式的思想之间摇摆不定，自元和七年、八年以后，林罗山在原理层面上接受了朱熹的理气学说并大力加以宣扬，而在应对现实问题即在应用层面上林罗山没有充分贯彻朱子学的理气论。王青《芦东山与朱子学——以〈无刑录〉教育刑论为中心》指出，日本近世朱子学者芦东山的著作《无刑录》以儒家德治主义理念为立法宗旨，主张“圣人之心，天下未尝有不可化之人”的教育刑论思想，强调所有人在道德实践上的主体性和平等性。这对于日本近世的士农工商的世袭等级身份制形成了巨大的冲击和挑战。正是这一思想的先驱性，才使他遭到藩政当局的长年迫害。芦东山借助《无刑录》而阐发的政治主张，具有了超越时代与国家的意义。陈毅立《横井小楠与朱子学——以格物致知论为线索》指出，横井小楠出生于日本江户末期一个下级武士家庭，耳闻目睹这一时期溺于高远空疏之谈、流于训诂诵之末的治学风气，故而强烈地批判束缚后世学人思想的举业之书，并大声疾呼为学之道应在明辨“日用事实之义理”。横井小楠对于朱熹的人格魅力虽不吝赞美之辞，但并未拘泥于朱子学说，不仅否定了“未有天地之先，毕竟是先有此理”的理之先验性，而且结合幕末时期“西力东进”之时局，提出了“理随势动”、理为“活理”的主张，最终在“三代之道”的引领下，百姓之利用厚生成为其“格物”的终极关怀，六府（水、火、金、木、土、谷）亦升华成为其“格物”之核心对象。

第二编“日本朱子学的思想转变”主要收录了安东省庵、伊藤仁斋、荻生徂徕与日本朱子学的三篇论文。王青《安东省庵与朱子学——论朱子学的日本化》一文指出，江户初期日本儒学作为相对于“虚学”佛教的

“实学”逐渐获得独立的发展，尤其在朱舜水实学思想和罗钦顺“理气为一物”论的影响下，朱子学者安东省庵和同门贝原益轩等人把朱子学的“理”从先验的理转化为经验的理，主张“理气合一论”。其后，新井白石进一步发展了朱子学的格物穷理精神，重视实用性、实践性和经验性，在近世日本传播和普及朱子学的过程中，他们推动了朱子学从形而上学的道德主义向经验合理主义的转变，为实证科学和经验科学在日本社会的萌芽和发展奠定了哲学基础。陈晓杰《伊藤仁斋与朱子学——以“同民之好恶”论为契机》一文以“同民之好恶”为关键词，探讨日本古学派伊藤仁斋的王道论。文章指出，伊藤仁斋的王道论大致以孟子的政治思想为准，即便他承认“民之好恶”并非绝对正确，也始终坚持将“同民之好恶”视为最重要的政治原则。对此，传统中国儒学思想认为，既然“民之好恶”未必符合儒家之道德标准，那么以“民之好恶”为政治基础的想法也就不足为据。其次，尧舜依从“民之好恶”而崇拜鬼神，而孔子意识到鬼神之危害，所以教导民众从于义理而远于鬼神。因此，伊藤仁斋盛赞孔子“贤于尧舜远矣”。但是，孔子在日常生活之中遇到不正之“俗”的时候，却经常表现出“从俗”的姿态。伊藤仁斋所描绘的孔子与世俗的关系，实际上与伊藤仁斋自身与世俗的关系存在着重合之处。王青《荻生徂徕与朱子学——以中国思想为媒介》一文认为，荻生徂徕（1666—1728 年）是日本江户时代中期的儒学家，清嘉庆十四年（1809 年），荻生徂徕的《论语征》《大学解》《中庸解》传入中国，徂徕学为中国学者所重视。“天”在徂徕学里也往往是人类社会的投影，而“天地自然之道”既是自然界的恒常性和规律性，也同样是道德规范的原理化依据。荻生徂徕认为，所谓“礼乐刑政”是圣人“法天”而立，故而带有了权威性。荻生徂徕的认识论更倾向于不可知论和反理性主义，认为事物是无穷无尽的，每时每刻皆处在发展变化的过程之中。但是，人的认识能力是有限的，是不可能认识与掌握所有事物的，对于“不可如之何”的“天命”，荻生徂徕抱有一种畏惧的态度。这一点也深刻地反映了在封建社会的身份制度下，人被自己无法掌握的命运所限制，对于自身能力的局限性只能采取消极妥协的态度，这也就使徂徕学较之朱子学更趋于一种保守主义的倾向。

第三编“日本朱子学的话语批评”收录了厦门大学外文学院吴光辉教授的三篇大作：《近代以来日本视域下的朱子学——以中国形象为方法》《江户时代朱子学的表象与位相——以实学·真儒·正统为核心》《日本科举学的转型与评价——以〈对策则〉为线索》。吴教授认为，朱子学在整个江户时代经历了一个多重性的形象变迁，即经历了从“实理之学”到“真儒之学”再到“正统之学”的历史转向。与此同时，朱子学也自一个外来的学问，被置于多重性的对立、对抗的格局，进而逐步深入到日本学问的内核，最终转换为“日本朱子学”。正是江户时代的历史变革与时代危机，成就了朱子学在日本不断更新、不断转型的命运。回溯历史，展望未来，虽然朱子学传入日本之后经历过复杂的流变与传承，但是它最终打破了国界的藩篱与民族的桎梏，成为被东亚儒家文化圈普遍接受并认同的学问。这样的认同是对朱子学在东亚学术交流史上的终极意义的历史定位，更是朱子学最为广大、深邃的现代价值之所在。

“问渠那得清如许，为有源头活水来。”在全球化的背景下，中国思想文化积极参与全球文明对话与人类精神的重构，朱子学是其中不可或缺的活水源头。“旧学商量加邃密，新知培养转深沉。”本次研讨会是改革开放以来首次以“日本朱子学”命名的一次盛会，是朱子学研究的一件大事，尤其值得铭记。我们衷心希望以此为基础，进一步推动日本朱子学和全球朱子学的承传与创新，开拓出一个全新的局面。

是为序。

2020年6月27日

目　录 Contents

第三编　日本朱子学的话语批评

第一编
日本朱子学的理论承传

第一章

林罗山与朱子学

——以理气论为中心

◇龚　颖

朱子学体大精深，自南宋传至日本后逐渐受到知识精英和统治阶层的推崇，最终形成了颇有当地特色的“日本朱子学”。日本朱子学在不同历史时期对日本列岛的社会发展和思想文化传统的形成产生过多方面的影响，值得深入、细致地加以研讨。

林罗山（1583—1657年）长期担任德川幕府政权的文教高官，是当时日本国家政治体制内部最重要的思想家。林罗山很早就明确地宣告了自己的朱子学立场并通过著述、讲学、参政议政以及生活实践等方式方法，全方位地传扬、倡行朱子学。尤其是在促使朱子学从获得江户幕府的庇护与承认，到幕府正式鼓励各藩校对其学用，再到成为“官学”的一系列过程中，林氏一门学人（包括林罗山及其子孙和其他从游从学于林氏者）功不可没。林罗山是日本朱子学的奠基者之一。他有意无意地完成的多种奠基性工作一方面为日本朱子学的形成打下了基础，另一方面也影响了日本朱子学后来的走向。

林罗山思想的主干是朱子学，但其整个思想内容中不可避免地包含多种复杂的要素。由于生逢明末清初的东瀛岛国，所以他一方面受到自汉唐至明代的中国思想以及朝鲜朱子学等的影响，同时还受到当地传统的神道教思想和经大陆东传的佛教思想的影响。在这种复杂的思想背景下形成的林罗山的“朱子学”与中国朱子学之间的关系，在探明林罗山思想的特质及其历史定位时是一个不容忽略的重要问题。日本思想史研究界就此问题展开的讨论也一直延续，不断深入。

本章拟在参考已有成果的基础上，聚焦林罗山的理气论，重点考察林罗山对朱熹理气论在理论层面上的理解和在现实层面上的应用等，通过此一努力争取为把握林罗山的思想特质、解决林罗山倡行的“朱子学”与中国朱子学之间的关系这一长期议而未决的问题提供新视角。

一

关于林罗山理气论与朱熹理气论之间的关系问题，学界曾有过两种不同看法：一是认为林、朱二人的理气论之间存在本质性差异；二是认为最终形成的林罗山理气论与朱熹的理气论基本上是一致的。前一种观点最早在20世纪初由井上哲次郎提出，他一方面认定林罗山是“纯粹朱子学派之人”，但同时又说“唯独他（林罗山）的理气学说取自王阳明”①，这就是说林罗山的理气论皈依阳明，与朱子学的理气论不同。井上哲次郎是东亚地区最早用西方哲学的范式梳理日本儒学思想的学者，他在这方面的具体成果有《日本阳明学派之哲学》（明治三十三年，1900年）、《日本古学派之哲学》（明治三十五年，1902年）和《日本朱子学派之哲学》（明治三十八年，1905年）等。井上哲次郎当时是东京帝国大学哲学教授、日本哲学会会长，在学界的影响力很大，他对林罗山理气论所做的上述判断见于《日本朱子学派之哲学》中对林罗山思想学说进行专题论述的部分。在此后

① 井上哲次郎：《日本朱子学派之哲学》，富山房1905年版，第65页。

的几十年里，包括丸山真男在内的日本学者多沿习此说。[①]

井上哲次郎等学者一方面承认林罗山思想与朱熹思想之间的同质性，另一方面又指出了二人在理气论方面的不同，但对林罗山思想与朱熹思想的同质性部分和异质性部分之间的关系问题没有具体阐述。

中国学者重视林罗山理气论与朱子学理气论之间的关系问题，朱谦之很早就判定，林、朱二人的理气论有差异，因为他认为林罗山曾表达过“接近于气一元论的理气合一论，当然要和朱子不同”[②]；陈来经过全面清晰的论证，指出，“在理气关系和太极阴阳关系的问题上，他（林罗山）已经放弃‘理先气后’的理气论，而走向‘理气合一’的理气论”[③]。

在理气论方面依据阳明学，而思想的其他方面却是“忠实的”朱子学家——这种状况从朱子学方面看来是非常不可思议的，即理气论与人性论等其他思想环节脱节，没能发挥统摄作用。不仅如此，林罗山思想研究中还存在其他一些重要难题。例如，林罗山一方面写下多篇激烈排佛的檄文，另一方面又以僧官名义出仕幕府，还广泛结交佛教界人士，按佛教仪礼安葬儿子等。对林罗山这类公然的“言行不一”该如何解释？林氏一系列排佛论中体现出的思想与朱子学的关系如何？林罗山还努力调和日本传统神道与儒道，主张神儒合一，他是怎样从理论上整合这些思想观点的？这类问题曾长期困扰着研究者。

20 世纪 70 年代中期，著名思想文化史研究者石田一良为解决上述问题、进一步准确把握林氏理气论的思想特质，引入了新思路：一是在理气论方面采用“阶段论”观点；二是在林氏思想整体理解上采用“三重构造

---

① 如丸山真男在论文《从近世儒教发展的脉络看徂徕学的特质及其与国学之关系》（《国家学会杂志》1940 年 1—4 月号连载）中认为“林罗山是比藤原惺窝还要纯粹的朱子学者，所以他的言论完全是对朱子思想的忠实介绍”（引自《日本政治思想史研究》，东京大学出版会 1995 年新装版，第 35 页），同时也发现林罗山言论中既有视理气为一的表述，也有主张“理与气宜分为二”的地方。今中宽司、堀勇雄、阿部吉雄等人的见解也大致类此。

② 朱谦之：《日本的朱子学》，人民出版社 2000 年版，第 186 页。

③ 陈来：《东亚儒学九论》，生活·读书·新知三联书店 2008 年版，第 136—137 页。

论”观点。即通过分段考察林罗山理气论的发展变化过程，提出一种新观点，修正了井上哲次郎等人的前述观点，认为林氏虽早年倾心王阳明的理气学说，但在“元和七、八年（1621年、1622年）时，林罗山最终将他的思想确定在朱子的理气二元论的立场上”①。石田一良的这一思路和观点产生较大反响，引导出不少循此思路深入探讨的成果。② 此外，石田一良还对已稳定于朱子学立场以后的林罗山思想的内部构造进行细致剖析，运用对林罗山思想结构的“多重论式诠释”方法，提出了“从俗的逻辑”这一颇具特色的见解。③

重视林罗山思想变化过程与分析其最终定论的思想结构，这两个视角都很重要，以下将结合运用二者，以期深化对林罗山理气论的研究。

二

目前学界基本认为，到元和七年、八年（1621年、1622年）时，林罗山最终将他的思想立场确定在朱子的理先气后二元论的立场上。下面将林罗山的理气论分成庆长·元和时期（1596—1623年）与宽永时期（1624—

---

① 参见石田一良：《前期幕藩体制的意识形态与朱子学派的思想》，载《日本思想大系28 藤原惺窝·林罗山》，岩波书店1975年版，第418—423页。石田一良还在《林罗山——室町时代中的禅儒一致与藤原惺窝·林罗山的思想》［载《江户的思想家们》（上），研究社1979年版，第25—40页］中对这一问题做了进一步的详细论证。

② 例如，栗原克荣以石田的这一研究为基础，以“恶”的问题为切入点，努力探明林罗山理气观、心性思想变化的内在动因，参见《林罗山的思想——理气、心性论的轨迹》，载《日本思想史学》第十一号，1979年。玉悬博之则聚焦元和六年（1620年）这一具体时点，对石田一良观点提供了补充论证，参见《林罗山〈卮言抄〉的思想——追寻林罗山思想展开史的实相》，载《文艺研究》第142集，1996年。前田勉论文《林罗山的挫折》［载《东北大学附属图书馆研究年报》（二二），1989年］同样以石田一良的这一研究为基础展开，它主要着眼于对林罗山心性论变化发展过程的研究。

③ 石田一良在《林罗山的思想》（载《日本思想大系28 藤原惺窝·林罗山》，岩波书店1975年版）中阐明两点：一、林罗山思想的核心由“不易经常之世界”和“损益通义之世界”两部分构成，这一核心的本质是朱子学的理想世界；二、林罗山为了将这一理想世界扩展至周围广大的普通人群，他不得已地暂时采取了在外形上遵从旧俗、实际在心中坚守朱子学理想的做法。

1643 年）及以后的两段加以考察。

1. 庆长·元和时期（1596—1623 年）林罗山的理气论

总体上看，直至元和年间（1615—1623 年），林罗山在理气观问题上尚未形成确定的看法，他的理气论在朱、王之间摇摆不定的情况常可见到。

庆长九年（1604 年），林罗山以求教的口气致信其师藤原惺窝（1561—1619 年）时写道：

> 太极，理也。阴阳，气也。太极之中本有阴阳，阴阳之中亦未尝不有太极。五常，理也，五行，气也，亦然。是以或有理气不可分之论，胜（林罗山）虽知其戾朱子之意，而或强言之。不知足下以为如何。①

林罗山虽明知“理气不可分之论”是违反朱子本意的，但他还是提出来询问藤原惺窝的看法。“理气不可分之论”与朱熹一贯强调的理气二元、理先气后之论有着本质的不同。林氏应是深晓这一差异的根本所在，但他还是要向朱子学前辈藤原惺窝发问。此举反映出，这一时期的林罗山虽以朱子学家自任，但很可能对朱熹理气论仍有不满，对“理气不可分之论”则心怀不舍。

这种思想上的动摇在其他地方也有反映。在这一时期即自庆长至元和时期，林罗山还有如下一些论述：

> 理与气，一欤？二欤？王守仁曰：“理者气之条理，气者理之

① 《林罗山文集》卷第二“寄田玄之”，鹈鹕社 1988 年版，第 18 页。

运用。”①

“理气一而二，二而一”，是宋儒之意也。然阳明子曰“理者气之条理，气者理之运用”，由之思焉，则彼有支离之弊。由后学起则右之二语不可舍此而取彼也。要之，归乎一而已，唯心之谓乎。②

程子曰：“论性不论气不备，论气不论性不明，二之则不是。”古今论气者多矣，未有过焉者。独大明王守仁云“理者气之条理，气者理之运用”。③

以上所举，虽是林罗山就心性问题所做的思考，但从中可以看出，阳明的“理者气之条理，气者理之运用”的提法频繁出现在这一时期的林罗山言谈中。这些地方和他在与日本人基督教传教士不干·哈比安（1565—1621 年）争论“理与天主有先后否”时所采取的朱子学理气观的立场是不一致的。具体情况如下。

庆长十一年（1606 年），林罗山与不干·哈比安进行过一次辩论，二者的问答内容收录在《排耶稣》一文中。在这里，林氏对朱子学理的内涵的认识接受了实际的检验。

春（林罗山）曰：理与天主有前后乎？不干曰：天主者体也，理者用也。体者前，理者后也。春指面前之器曰：器者体也，所以作器者理也。然则理者前而天主者后也。不干不解曰：灯者体也，光者理也。春曰：所以火为灯者理也。光者非理也，唯云之光而已。不干不解曰：作器之一念起处为理。一念不起以前元无想无念而有体。然则体前理后也。春曰：不可也。不谓无想无念，唯言理与天主而已。无

① 《林罗山文集》卷第六十七“随笔三”，第 832 页。卷末注为“壮年所作”。
② 《林罗山文集》卷第六十八“随笔四”，第 844 页。
③ 《林罗山文集》卷第六十八“随笔四”，第 852 页。

想无念之时有理而存。①

林罗山认为“所以作器者理也”“所以火为灯者理也”“无想无念之时有理而存”，把理看成形而上的存在，是事物存在的根据，他是运用朱子学理气论的观点对不干·哈比安的基督教理论加以辩驳的。

由上述可知，庆长·元和时期林罗山围绕理气问题发表的言论中，有朱子学式的论述和阳明学式的论述并存的现象，这是此一时期林罗山理气论的一个显著特征。

2. 宽永时期（1624—1643 年）及以后的理气论

由前文可知，在 1621 年、1622 年前后，林罗山在理气观问题上已逐渐明确了他的朱子学立场，更多地注重宣讲朱子学式的理先气后、理气二元的存在论思想。下面我们将以宽永时期以后的林罗山理气论为考察对象，从原理层面和应用层面两方面入手探讨林罗山对朱熹理气论阐发和宣扬的具体情况。

有学者指出，林罗山在完成于元和六年（1620 年）的《卮言抄》一书中说“气也生自理”，可见他是赞同朱熹理先气后说的。② 但这句话太过短小而且是孤立出现的，难以根据文章前后文的意思把握其确切含义。因此，我们需要更广泛地收集资料，深入探讨。

宽永七年（1630 年），林罗山为给三子林鹅峰讲授《大学》，亲自编写了一部附有注解的教材，名为《大学谚解》。该书使用当时通行的日语口语体写成，具有明显的启蒙教材特色。在这部《大学谚解》的“跋”中，林

① 《林罗山文集》卷第五十六“排耶稣”，第 673 页。

② 石田一良：《林罗山——室町时代的禅儒一致与藤原惺窝、林罗山的思想》，载《江户的思想家们》（上），研究社 1979 年版。玉悬博之：《林罗山〈卮言抄〉的思想——追寻林罗山思想发展史的实相》，载《文艺研究》第 142 集，1996 年。

罗山申明，“此《谚解》，本《章句》并《或问》，尊程朱也”，明确表示该书对《大学》文本的解读是以朱熹的《大学章句》和《大学或问》为依据、以程朱理学为立足点的。

在这部《大学谚解》中，林罗山以通俗的白话对“理”做出如下解释：

> 自天地之运行至鸟兽、草木之类，物物必有其所当然之处和只能如此之原因，这即是理。①

从广及宇宙的大自然的运行到动物植物这些身边日常的存在物，一切事物都被赋予了它们各自应有的形态和使之不得不如此的根源性理由，而理就是万事万物的最高标准和终极性存在根据。林罗山对于“理”的这一解释完全符合朱熹之意，明确了理对于现实事物所具有的双重性意义，即它既是事物的“所当然之则”，又是其“所以然之故”。

《三德抄》是林罗山完成于宽永八年（1631 年）前后的著述②，其中在《理气辨》一篇中说：“此气中自行具备之物，理也。是则太极也。”这里也鲜明地强调了朱子学以理为事物之存在根据的主张。

宽永十六年（1639 年），林罗山又以当时的日语口语体著成一部《性理字义谚解》。此书是对陈淳《四书性理字义》的日语翻译及阐释，是应当时的加贺藩藩主前田光高的要求而编著的。书中内容主要分两大部分，一部分是对陈淳原文的口语体日译，另一部分则是林罗山根据自己的理解而进行的语义疏证或举例说明。在后一部分的内容中我们可以窥知林罗山本人的思想见解。例如，在释译“太极”一语时，他首先把陈淳的解说忠实地译成日语，然后以按语的形式发表他自己的看法。林罗山写道：

---

① 林罗山：《大学谚解》（日本内阁文库所藏抄本）。

② 关于《三德抄》写作年代的确认问题，参阅矢崎浩之：《林罗山〈孟子养气知言解〉考》，载《磐城纪要》，1990 年。

按：王弼、康伯等注《易》，皆以老、庄之旨来加以解释，故或以太极为气，或以为无，不知太极为理之事。（中略）按：汉唐诸儒说《易》者皆不知太极之实义，至朱子，直指理为太极。①

林罗山很清楚汉唐诸儒的太极理解与朱子的理解之间的差异，并且批评朱熹以前的太极解释都是“不知太极之实义”。林罗山的类似表述还有：“朱文公云：太极理也，阴阳气也。按：……先儒指气为太极，非是。”② 林氏坚持朱子学太极即理的立场，批判“指气为太极”的观点，态度十分明确。

可以看出，在元和以后的宽永时期，林罗山在其言谈中经常宣扬朱子学的理气论，可以认为在原理层面上，林氏已经理解并基本接受了朱子学的理气论。

三

元和以后的宽永时期，林罗山的理气论在原理层面上站在朱子学的立场上并且对其大力宣扬，但在有关宗教观、人性论、伦理思想、政治理论等实际运用层面的言说中，林罗山是否贯彻了朱熹理气论的基本主张？因篇幅所限，下面主要以林罗山排佛论中有关“佛虚儒实”问题的讨论和围绕人伦问题进行的排佛这两个问题为例加以说明。

1. 关于“佛虚儒实”的问题

林罗山的排佛言论中常出现“佛虚儒实”这个说法。例如，“夫儒者

---

① 林罗山：《性理字义谚解》（日本内阁文库所藏稿本）卷第四“太极”。
② 《林罗山文集》卷第六十八“随笔四”，第851页。

实而佛氏虚，天下惑于虚实久矣”。[①] 这一表述容易令人联想起朱熹所言“吾儒心虽虚而理则实，若释氏则一向归空寂去了”[②] 等。朱、林二者的论述貌似相同，但其具体所指内涵究竟如何，尚需广泛搜集材料、做具体分析。

《儒佛问答》记录了林罗山与老友、信仰佛教的俳句大师松永贞德之间的对话内容。林罗山向松永贞德发问：

> 佛虚儒实之事毋庸置疑。我若是把佛书中的虚假骗人之说举出许多例证来，你又该如何开口？……佛教的虚讹无须在此举例，要明白它从根本上都是伪假之事。[③]

在上述诘问中，林氏强调“佛虚”的“虚”是“虚讹”“伪假”之意。与此处把佛教看成虚假、是谎言的思路相对应，林罗山对佛教（及其创始者）的称呼中也满含轻蔑与不信任，体现着他的这种欲从外观形象诋毁佛教的基本态度。例如，他竭力劝松永贞德弃佛从儒时说，“如果想格物，哪怕只一点点也好，请学一点儒学，那一定会慢慢有所收获。总之要探源才能汲流，只抱着一个黠胡反来复去的老教条不放，真是很无聊可悲的事”[④]，又说：“夫佛者，一黠胡，而夷狄之法也。变神国为黠胡之国，譬如下乔木而入幽谷，君子之所不取也。”[⑤] 在这里，林罗山把儒家的思想称为“儒学”，而把佛教称为“一个黠胡”的老教条。“黠胡”的意思是“狡猾的异域人”，林罗山在对比儒、佛二教时如此称呼佛教（及其创始者），使佛教从整体上给人一种不诚实和低劣的印象。林罗山是用一种轻蔑的态度

---

① 《林罗山文集》卷三“寄颂游”，第32页。

② 黎靖德编：《朱子语类》卷一二六，潘柄录，中华书局1994年版，第3015页。

③ 《儒佛问答》（日本东北大学图书馆附属狩野文库所藏刻本）“问第一件”。

④ 《儒佛问答》“问第十八件”。

⑤ 林罗山：《本朝神社考》上之二“日吉”，载《神道大系论说编20藤原惺窝·林罗山》，1988年，神道大系编纂会，第90—91页。

去批判佛教的。朱熹排佛，以“释氏”代称释迦其人其说，并无贬意。林罗山轻蔑佛教的态度不是取自朱熹。

概括而言，林罗山在论及“佛虚儒实”时，他所说“佛虚”的“虚”是指责其“假伪”。但是，朱熹说“释言空、儒言实，释言言无、儒言有”时，这里的“有”或“无”都是指理的有无，并不是批判佛教思想具有虚假性。因此，在论及“佛虚儒实”这一问题时，林罗山并没有按照朱熹之意进行阐发；而且，在轻蔑地看待佛祖和佛教思想这一点上，林、朱二人的态度也不同，林罗山的这种态度更近似于唐代韩愈。

2. 围绕人伦问题的排佛论

林罗山围绕人伦问题而展开的排斥佛教的各种论述在他整个的排佛论中所占比重最大，分量最重。综合来看，林罗山对佛教在人伦方面导致不良影响的批判广及社会各个层面，达到相当的深度。

针对临济禅僧大灯国师（宗峰妙超）为断绝爱儿之欲，煮食亲生孩子后出家的传说，林罗山写道：“虎狼，仁也，以不食其子故也。彼（大灯）灭人伦而绝义理，啜羹不及放麑，况于此哉！”① 虎毒尚不食子，信佛者大灯虎狼不如，其行径“灭人伦而绝义理”。针对崇佛的权臣代表苏我马子谋杀反佛的崇峻天皇一事，林罗山断言“马子弑君，诚佛之罪”。他又进一步说，苏我马子“非啻骎骎入于其（佛教）中，而已至其犯上好乱之事，则佛法之为弊也大矣。不可不戒之”②。信佛与“犯上好乱”乃至弑君之间本无必然联系，林罗山将犯上弑君的行为完全归为“佛之罪”，其目的还是强调因信佛而造成的危害之大，主张戒除佛教的流传。林罗山不仅把批判矛头指向“大灯食子”这类个人行为或在君臣关系中反映出的佛教的危害，

---

① 《林罗山文集》卷五十六“告禅徒”，第671页。
② 《林罗山文集》卷二十六“苏我马子辩”，第293页。

他还更进一步把批判范围扩展至夫妇、父子、君臣、兄弟、朋友等普遍存在的人际关系。从林罗山针对圣德太子因信佛而祈求不留子嗣之事所做的评论中可以见到这种扩展。他写道："道，离不开人伦。有男女然后有父子，有父子则有君臣有兄弟有朋友。遁世之人为求洁身自好而乱人伦之道。……太子希望自己无子无孙之事，不合天下古今之法。"① 这里把佛教信仰与"乱人伦之道"直接对接，而"祈求不留子嗣"一事被提升到违背"天下古今之法"的普遍性层面加以批驳。

对于佛教信仰造成"乱人伦"之恶果的原因，林罗山指出：

> 浮屠氏毕竟以山河大地为假、人伦为幻妄，遂绝灭义理有罪于我道。故曰：事君必忠事亲必孝。彼去君臣弃父子以求道，我未闻君父之外别有所谓道也。②

在林罗山看来，由于佛教视山河大地为虚设之物，把人类社会以及人伦关系看成虚幻而不真实的存在，所以人们一旦信仰佛教就会干出绝情无义、违背天理的事。同时，林罗山认为，儒家的思想体现在"事君必忠、事亲必孝"的行为理念之中，而不是脱离君臣、父子等具体的人际关系而抽象地存在着。佛教徒要摆脱君臣尊卑、舍弃父子亲情去"求道"，这肯定要遭到批判。

同样关于佛教"以君臣父子为幻妄"这一点，朱熹认为：

> 太极是五行阴阳之理皆有，不是空底物事。……释氏只是见得个皮壳，里面许多道理，他却不见。他皆以君臣父子为幻妄。③

---

① 林罗山：《野槌》（日本东北大学图书馆附属狩野文库所藏刻本）第二十五段。

② 《林罗山文集》卷五十六"谕三人"，第672页。

③ 《朱子语类》卷第九十四"甘节录"，第2367页。

朱子强调佛家只看到了事物的表面现象，并未把握住深藏于事物内部的“里面许多道理”，他明确指出“未有这事，先有这理。如未有君臣，已先有君臣之理；未有父子，已先有父子之理”①，反复强调从理论和逻辑意义上来说是“理”先于君臣、父子这类现实的人际关系而存在，是超越于具体现象，不依赖于任何物质实体而存在的。

可见，在关于佛教以君臣、父子等人伦秩序为“幻妄”这个问题上，林罗山表达的思想与朱熹并不相同。

当有人问到“有是理便有是气，似不可分先后”时，朱子回答说：“要之，也先有理。只不可说是今日有是理，明日却有是气。也须有先后。且如万一山河大地都陷了，毕竟理却只在这里。”② 从朱熹的回答来看，他认为“山河大地”的本质是由气聚结而成，这只不过是一时性的存在。与之相对应，理则是本源性永久的存在。所以，从理论上说，即使像山河大地这样的物质世界彻底崩溃消失了，理也仍将继续存在下去。但在前引资料中，林罗山则认为“道”无法脱离君臣、父子这些具体的社会关系而存在。林罗山的这种观点与朱熹思想之间存在较大差距。对于朱熹强调的存在于“君臣父子”“山河大地”背后的理，他并没有特别看重。林罗山还说：

> 《诗》云：鸢飞戾天，鱼跃于渊，言上下察也。……夫天地上下之间，鸢不跃于渊，鱼不戾于天。君尊在上臣卑在下，父有父道子有子道，男治外女治内。此道万古如此，常常不变。故举鸢鱼以明道体之在面前者与活物跃动相似。③

林罗山强调“鸢不跃于渊，鱼不戾于天”这类恒常不变的自然法则，认为“尊卑上下”的社会等级关系和“男治外、女治内”的社会分工都与

① 《朱子语类》卷第九十五“陈文蔚录”，第2436页。
② 《朱子语类》卷第一“胡泳录”，第4页。
③ 《林罗山文集》卷六十八“随笔四”，第846页。

上述自然法则一样，具有永恒的不可变更性和权威性。结合前面林氏所论可知，在林罗山的排佛论背后，暗含着一个前提性认识，即他认为，“山河大地”和“人伦”都是确实存在的，绝非暂时虚设或幻妄无实之物。因此，人类社会的“君臣父子”与自然界的“鸢鱼”一样，都必须遵循“万古如此，常常不变”的普遍永恒之“道”，人的行为必须符合道的要求。这是林罗山对自然界和人类社会的一个基本认识。站在这个基本立场上来看，佛教“以山河大地为假、人伦为幻妄”的世界观理当受到批判，而且佛教的这种自然观、社会观也是造成“绝灭义理”等恶果的根源所在。

朱熹说“有高必有下，有大必有小，皆是理必当如此”。[①] 在他看来，事物所处位置的高低、事物形体的大小，这些都是由理决定的，是不得不如此的一种必然结果。有人还曾问朱熹：“天地会坏否？”他回答道，“不会坏。只是相将人无道极了，便一齐打合，混沌一番，人物都尽，又重新起”。[②] 换言之，在“无道极了”这种情况下，人类社会和其他物质世界都将混和到一起，也就无所谓“高下”，而是在整个自然界和人类社会中都出现了重建其秩序的可能性。以朱熹的理论而言，物质世界的存在和延续，都取决于理的要求。这一理论，在上文所引林罗山的“君尊在上臣卑在下，父有父道子有子道，男治外女治内。此道万古如此，常常不变”这类言论中不见贯彻。

四

本章通过与朱熹理气论的对比考察，探讨了林罗山理气论的思想特色，可以看到，元和六年（1620年）以前的林罗山曾在朱子学式的思想和阳明

① 《朱子语类》卷第九十五“陈淳录”，第2434页。
② 《朱子语类》卷第一“包扬录”，第7页。

学式的思想之间摇摆不定，但在元和七年、八年（1621 年、1622 年）以后，他在原理层面上接受了朱熹的理气学说并大力加以宣扬，而在应对现实的具体问题时，即在应用层面上林罗山没有完全贯彻朱子学的理气论。

林罗山对于他认为是建立在万古不变的自然法则基础上的人伦道德极其重视并力说不厌，而对于朱子学强调的那个超越于自然法则和社会规律之上的“理”并不太重视。形成这种差异的因素是多种多样的，而思想家们面对的社会现实的差异，或者说摆在他们面前的时代要求的不同是造成这种思想性差异的最基本因素。林罗山活跃并发挥作用的年代，大致相当于日本社会由德川政权取代丰臣政权并存续下去的一段时期。其间，他出仕德川家康为首的共四代幕府将军，经历了德川幕府统治体制的形成、确立时期。在这样的时期，现实政治中求统一、求安定的紧迫需要会成为林罗山无暇顾及原理，更多地提供见效快的“解表”药而非“治本”方剂的重要因素。因此，包括理气论在内的林罗山思想，从根本上看，既来源于幕藩体制的形成、确立这一社会政治现实，同时在其形成发展过程中又受到了来自这种社会现实的制约，体现出其局限性。

第二章

芦东山与朱子学

——以《无刑录》教育刑论为中心

◇王　青

日本江户时期（1603—1867 年）元文三年（1738 年），仙台藩[①]的儒学家芦东山（本名芦野德林，1696—1776 年）就藩学问所讲堂的坐席序列问题向藩政当局上书，建议不要按身份贵贱而是按年龄大小来排列。由于当时的日本社会施行士、农、工、商四民等级身份制，他对于人与人的平等性的追求被藩政当局视为对世袭身份制的严重挑战，于此年即芦东山 43 岁时下令将他关押长达 24 年之久。在这漫长的羁押困境中，芦东山怀着自比屈原的悲愤心情，受他的恩师、日本近世著名朱子学者室鸠巢的嘱托，编撰了巨著《无刑录》十八卷。此书以中国程朱理学为宗旨，结合日本社会的实际情况，详细阐述了芦东山的法律思想。但由于书中以儒家“德主刑辅”的政治理念为立法宗旨，故仍被藩政当局视为对世袭身份制的潜在威胁而不得出版。

明治十年（1887 年），在日本明治初期的立法机构元老院的干事陆奥宗光、水本成美等人的推动下，《无刑录》的价值终于被世人所认可，得以公开出版，但不久便绝版，甚至明治政府在制定近代刑法时还曾以《无刑录》

① 仙台藩是日本江户时代东北地区最大的一个藩国，位于陆奥国宫城郡，以仙台城（今宫城县仙台市）为中心。

为参考。1927年日本刑务协会出版了法律学家佐伯复堂配以现代日语译注的《无刑录》，1998年信山社又将此书再版。日本近代司法界权威花井卓藏在为佐伯复堂版《译注无刑录》所作“序”中，将《无刑录》誉为“东洋唯一的刑事法典”①，芦东山从朱子学立场出发倡导的教育刑论也被日本近代法律学界评价为“在世界上都享有先驱性地位”。

在中国法律史研究界，曾留学东京帝国大学的杨鸿烈在《中国法律在日本之影响》一文中最早关注到明代丘濬《大学衍义补·慎刑宪篇》对芦东山《无刑录》的影响关系②，后人极少几篇涉及芦东山的论著基本是继承了杨鸿烈的这一先行研究③，主要关注丘濬对芦东山的影响史实，而对于芦东山本身在思想上的创见的阐发则几为空白。

纵观中日学术界，对于芦东山《无刑录》一书的研究基本局限于日本法律史或中日法律文化交流史的层面，而对于贯穿《无刑录》的根本思想原理，亦即芦东山作为一名朱子学者的思想建树却都避而不谈，使《无刑录》虽然享有极高评价，作者芦东山在日本思想史上却未能拥有一席之地。笔者认为这恐非无意的疏忽，而是有意的回避；但这个问题必须要与日本思想史学界对于以批判朱子学而风靡后世的徂徕学评价联系起来，才能得到更好的理解。作为朱子学者的芦东山批判反朱子学的徂徕学是“近世俗儒”④，而日本政治思想史研究重镇丸山真男（1914—1996年）把徂徕学对

---

① 东山芦野德林：《无刑录·上卷》，佐伯复堂译注：《日本立法资料全集101》，信山社1998年版，“序”第3页。

② 杨鸿烈：《中国法律在日本之影响》，载《中国法律在东亚诸国之影响》，商务印书馆1937年版。

③ 王伯琦的论文《儒法二家争辩问题的本质》（载《近代法律思潮与中国固有文化》，清华大学出版社2005年版）多次引用了芦东山《无刑录》的内容。另外还有汪桂平的《明清法律思想对日本的影响——以〈大学衍义补〉与〈无刑录〉为中心》（收入刘俊义、池田温编：《中日文化交流史大系2·法制卷》，浙江人民出版社1996年版）、赵银的《儒学对武家时代日本法律的影响——以丘濬的〈大学衍义补〉与芦野德林的〈无刑录〉为例》（收入马小红、史彤彪编：《输出与反应：中国传统法律文化的域外影响》，中国人民大学出版社2012年版）、李青的《从〈大明律〉对东亚的影响看其历史地位》（载《政法论坛》1999年第6期），都主要介绍了丘濬《大学衍义补·慎刑宪篇》对芦东山《无刑录》的影响。

④ 东山芦野德林：《无刑录·上卷》，佐伯复堂译注：《日本立法资料全集101》，信山社1998年版，第150页。

朱子学的批判视为日本近世思想史从封建向近代的关键性转折点；按照这个逻辑推理，朱子学者芦东山的思想无疑应该属于“封建的”“停滞的”思想典型。但是笔者认为，丸山实际上是通过把徂徕学塑造为日本自发的内生的近代思想萌芽来对抗西方中心的近代史观，所以今天我们有必要从剖析丸山真男的徂徕学研究中隐含的日本中心的近代史观入手，对芦东山对于日本思想史乃至朱子学对于东亚思想史的意义进行重新评价。

一、立足于朱子学的《无刑录》

以经世致用为己任的明代朱子学者丘濬的《大学衍义补》被万历帝评为“以收明德之功，以发经传之旨”，他在《大学衍义补·慎刑宪篇》以儒家的德治主义为核心理念，系统地阐述了法律刑罚的重要性和实施原则，对儒家“德主刑辅”“慎刑恤狱”的传统法律思想进行了全面的总结。

德、礼、政、刑是封建社会统治阶级治理国家的主要方法，儒家的法律思想以“礼治主义”和“明德慎刑”的理念为核心。“礼”是儒家最根本的概念，既是典章制度，也是道德规范。以“礼”来维持社会秩序的政治就是“礼治主义”；它以维护宗法等级秩序为核心，要求贵贱、尊卑、长幼各履行其特定的行为规范，使社会达到君君、臣臣、父父、子子、兄兄、弟弟、夫夫、妇妇的理想政治。而对于违反“礼”者必须处以相应的刑罚制裁，这就是“法治”。

“礼治主义”又以“德治主义”为前提。儒家认为，无论人性善恶，都可以用道德去感化教育。统治者以自身的美德作为表率，对民众从道德上、思想上施加影响，引导民众走向统治者期待的方向，这就是所谓德化或者教化。这种教化方式，是一种从心理上进行彻底改造的积极的办法，非单纯以恐吓为目的的法律制裁所能办到，所以德治主义就是儒家的理想政治。

《论语·为政篇》说，“子曰：为政以德，譬如北辰，居其所而众星共之”，即孔子主张君主应首先作为道德典范来治理国家，引导人民沿着正确的方向前进，这样社会才能达到和谐安定。孟子继承了孔子的这一思想，把依靠法令刑罚和军事暴力统治国家称为“霸道”，而依靠伦理道德和礼仪制度统治国家则称为“王道”。可以说中国历代王朝都是以儒家的德治主义为基本，辅之以法治主义的方法来维持国家的运营。

如果把丘濬的《大学衍义补·慎刑宪篇》与芦东山《无刑录》在体裁、编目、内容上逐一进行比较，就会发现：《无刑录》第1卷《刑本》（上）与《大学衍义补·慎刑宪篇》第100卷《总论制刑之义》（上），《无刑录》第2卷《刑本》（下）与《大学衍义补·慎刑宪篇》第101卷《总论制刑之义》（下），《无刑录》第3、4卷与《大学衍义补·慎刑宪篇》第110卷《简典狱之官》，《无刑录》第5卷《刑法》（上）与《大学衍义补·慎刑宪篇》第102卷《定律令之制》（上），《无刑录》第6卷《刑法》（下）与《大学衍义补·慎刑宪篇》第103卷《定律令之制》（下），《无刑录》第7卷《刑具》与《大学衍义补·慎刑宪篇》第104卷《制刑狱之具》，《无刑录》第8卷《流赎》与《大学衍义补·慎刑宪篇》第105卷《明流赎之意》，《无刑录》第9卷《赦宥》与《大学衍义补·慎刑宪篇》第109卷《慎眚灾之赦》，《无刑录》卷十《听断》与《大学衍义补·慎刑宪篇》第106卷《详听断之法》，《无刑录》卷十一《详谳》与《大学衍义补·慎刑宪篇》第108卷《谨详谳之议》，《无刑录》卷十二《议刑》与《大学衍义补·慎刑宪篇》第107卷《议当原之辟》，《无刑录》卷十三、十四《和难》（上、下）与《大学衍义补·慎刑宪篇》第110卷《明复仇之义》，《无刑录》卷十五《伸理》与《大学衍义补·慎刑宪篇》第109卷《伸冤抑之情》，《无刑录》卷十六《感召》与《大学衍义补·慎刑宪篇》第107卷《顺天时之令》，《无刑录》卷十七《钦恤》与《大学衍义补·慎刑宪篇》第112卷《存钦恤之心》，《无刑录》卷十八《滥纵》与《大学衍义补·慎刑宪篇》第113卷《戒滥纵之失》，它们之间的确存在着明显的影响和继承关系。①

由此可以看出，《无刑录》虽然可以说脱胎于丘濬的《大学衍义补·慎刑宪篇》，但是芦东山也补充了很多新的内容，订正了丘书的一些舛误之处，并以按语的形式阐述了自己的独特见解，最终形成了一部广泛搜集中国历代关于法制沿革、刑法观念和法制理论的文献资料，并阐述儒家关于刑事立法根本原理的集大成之作。芦东山对于《无刑录》的写作过程是这样描述的，“然（丘氏）搜集刑法之事，多依马氏《文献通考》，却又不考其本书，往往有相违之处，其编辑之次第本末亦有不备。余之《无刑录》搜集朱子延和殿奏答中涉及古今贤哲议论教化刑罚之精要”② 而成，可以说芦东山之《无刑录》在继承丘濬的《大学衍义补·慎刑宪篇》基础上，以“德林按”的形式阐发独特见解，并补充修订了马端临《文献通考》和丘濬《大学衍义补·慎刑宪篇》之疏漏舛误，贯穿和汉古今，折中得当，作为日本第一部刑法学理论著作是当之无愧的。

芦东山站在程朱理学的立场，认为所有人内在的本质都是“天理”之善，即使被后天之“恶”所掩蔽，这一内在的善也完全可以通过学问和修养来重新发现，因为所有的人都具有达到善的能力。《无刑录》书名出自《尚书·大禹谟》中“刑期于无刑”，这充分表明芦东山是从朱子学出发，以儒家德治主义的理念为立法精神，认为产生犯罪的根源在于统治者的不德，消除犯罪只有通过统治者自身涵养德性，并以德来教化人民。他说：“朱子曰：德礼，则所以出治之本，而又礼之本也。……德礼之效，则有以使民日迁善而不自知……德林按：以德礼为主者，能化民之心，而使得淑其身，故有所愧耻，而且至于善，先王之治是已。……为治之本，在于德

① 参见杨鸿烈：《中国法律在日本之影响》，载《中国法律在东亚诸国之影响》，商务印书馆1937年版，第305—306页。

② 东山芦野德林：《无刑录·上卷》，佐伯复堂译注：《日本立法资料全集101》，信山社1998年版，“序解”第2页。

礼可知矣。"[1]

芦东山主张法的作用是惩罚犯罪，而礼的作用是预防犯罪，所以礼是根本，德是目的，而“法”即刑罚其实只是“辅德助教”[2] 的工具。“礼，治之经；而刑，辅治之具也。德，礼之本；而罚者助礼之法也。”[3]“盖礼者所以立德、刑者所以弼教，二者不可偏废。而为治之序，则以礼为先，以刑为后。”[4] 甚至也可以说，作为实现“德”的手段之一的“刑”本身也就是“德”的一个组成部分：“其实修刑亦修德之一端也。”[5] 可见，芦东山的思想属于典型的儒学“以礼为体，以法为用”的礼法体系。

日本在自1185年至1867年将近七百年的武家幕府政权统治中，虽然原则上也以儒家法律思想作为立法精神，但在实际执法中往往依赖武家社会自古以来的习惯法，日益趋于严刑峻法，人民动辄被施以酷刑，百姓惶恐不安。芦东山从儒家的“不忍人之心”“好生之德”和宽恕仁厚的慎刑主义出发，告诫统治者“尧舜帅天下以仁，而民从之。……若乃仅有用刑杀之意，则必桀纣。为人上者不可不慎焉”[6]。在《无刑录》一书中，他反复呼吁统治者以民为本，爱护人民，施行仁政，谨慎用刑，“明德慎罚，以治天下”。[7]

芦东山从儒家“以德为本”的立场出发，主张刑罚的目的是挽救和教育犯罪者，使之矫正后能重新做人，回归社会。日本近代法律学界普遍认

---

① 东山芦野德林：《无刑录·上卷》，佐伯复堂译注：《日本立法资料全集101》，信山社1998年版，第130—131页。

② 东山芦野德林：《无刑录·上卷》，佐伯复堂译注：《日本立法资料全集101》，信山社1998年版，第1页。

③ 东山芦野德林：《无刑录·上卷》，佐伯复堂译注：《日本立法资料全集101》，信山社1998年版，第149页。

④ 东山芦野德林：《无刑录·上卷》，佐伯复堂译注：《日本立法资料全集101》，信山社1998年版，第8页。

⑤ 东山芦野德林：《无刑录·上卷》，佐伯复堂译注：《日本立法资料全集101》，信山社1998年版，第709页。

⑥ 东山芦野德林：《无刑录·上卷》，佐伯复堂译注：《日本立法资料全集101》，信山社1998年版，第135页。

⑦ 东山芦野德林：《无刑录·上卷》，佐伯复堂译注：《日本立法资料全集101》，信山社1998年版，第36页。

为芦东山这一注重刑罚的社会效应的教育刑论，比欧洲19世纪末提出“最好的刑事政策就是最好的社会政策”，并主张以改善社会环境来抑制犯罪最为有效的德国近代著名刑法学者弗兰兹·冯·李斯特的思想早了近百年，可以说在世界上也是先驱性的。[①] 但实际上芦东山的教育刑论完全源自中国儒家的德教观念。

综上所述，芦东山《无刑录》的真正目的并不是单纯刑法论，而是以如何实现没有犯罪和刑罚的理想社会作为最深切的关怀。儒家传统所谓“刑政”本来就是一种政治论，所以抱着经世济民的强烈使命感而撰写的《无刑录》也应该视为芦东山对理想社会和政治的一种构想，而不能仅仅局限于刑法论的狭隘视角。

作为一个典型的朱子学者的芦东山为什么在日本思想史上未能拥有一席之地，笔者认为这恐怕与日本思想史学界对于作为朱子学批判者的近世徂徕学的评价有着密切关系。荻生徂徕（1666—1728年）是江户时代中期的著名儒学家，他否定程朱性理之学，主张气质不变论，通过批判朱子学对儒家经典的义理解释，荻生徂徕构建了独特的中国古典解释法——古文辞学。同时他还是八代将军德川吉宗的高级幕僚，他给德川吉宗呈上的《政谈》就是他从批判程朱理学立场阐发的政治改革论。

而对于徂徕学，芦东山尖锐地批评说：“近世俗儒往往议程朱性理之学，有偏指气质为性者。又有广其说，曰仁义非自然之理，气质不可变者，要之亦荀杨之亚流也。若使之为政，则其弊必将以礼教为不足化人，乃严刑法以迫恐之，使夫人强敬上，外假礼义，内抱奸恶，相率而为伪妄之行乃已。”[②]

“近世俗儒”就是芦东山对徂徕学的嘲讽，其实芦东山早期曾经想拜风

① 东山芦野德林：《无刑录·上卷》，佐伯复堂译注：《日本立法资料全集101》，信山社1998年版，“解说”第21页。

② 东山芦野德林：《无刑录·上卷》，佐伯复堂译注：《日本立法资料全集101》，信山社1998年版，第150—151页。

靡一时的荻生徂徕为师，最终由于他性理学的立场与“偏指气质为性”的徂徕学立场存在着巨大分歧而未果。荻生徂徕虽然自信只有以他的古文辞学为方法，才能借助“古文”“古言”从儒家经典的“六经”中体认到圣人未被程朱理学歪曲的原意和真意，但实际上荻生徂徕的古文辞学并非如他自己所标榜，只是纯粹的语言学研究，而是早已预设立场的有关儒家经典的解释学。所以笔者认为应首先剖析反朱子学的徂徕学是怎样论述“礼”与“刑”的关系，从而对贯穿《无刑录》一书的芦东山的性理学在日本近世思想史上的意义进行重新评价。

二、徂徕学的“道”与礼乐刑政

作为世界五大法系之一的中华法系随着唐朝法制的法典化而完成，唐律以“一准乎礼”为方针，即以儒家礼制精神作为立法宗旨，唐律不仅是中国明、清法制的依据和基础，对日本及东亚其他国家的法制建设也有重大的影响。645 年，日本孝德天皇模仿中国建立年号为“大化”，646 年颁布《改新之诏》，建立了中央集权的封建国家体制，发动了一场对日本社会、政治进行全面改革的运动，史称“大化改新”；并以唐律为范本，结合日本具体特殊的国情，制定了《近江令》《大宝律令》《养老律令》等一系列法律制度，所以这个时代又被称为“律令时代”。

江户时代的享保时期（1716—1735 年）是研究中国法律尤其是明律最为活跃的时期，江户武家政权尤其幕府第八代将军德川吉宗积极推动对中国《大明律》的翻译和研究，日本在这一时期注释明律的著作层出不穷，代表作主要有：纪州藩儒学家榊原篁洲（1656—1706 年）著《大明律例谚解》三十卷；和歌山藩儒学家高濑忠敦（1668—1749 年）著《大明律例详解》二十一卷和《大明律例释义》十四卷，此书除翻译《大明律》文四百六十条外，还辅以具体事例加以说明；为了便于理解和应用，德川吉宗命幕府文官荻生观（1673—1754年，荻生徂徕之弟）校译《大明律》，并施加日语训点，作为《官准刊行明律》而出版发行。芦东山《无刑录》也正是在这一时代背景下诞生的，只是由于芦东山本人遭受藩政当局的政治迫害而未能公开出版。在这一时期翻译注释中国明代法典的大量著作中，荻生徂徕的《明律国字解》十六卷最为普及，此书收录了《大明律》（三十卷）和《问刑条例》的译介。

《大明律》对日本社会的影响不限于学术研究层面，纪州藩、熊本藩、弘前藩、和歌山藩、会津藩等各藩都参照《大明律》编定了各地方的刑事法典，这充分表明了儒家法律思想对日本法制建设起到了深刻的实际影响。①

荻生徂徕以他构建的“以古言征古义”的古文辞学为依据，对朱子学展开了彻底批判，认为程朱后学的“义理发挥”是对儒家经典原意的曲解与背离。但实际上荻生徂徕也是在对儒学的诠释中融入了自己的义理发挥，所以他的古文辞学并非纯粹的实证主义学术研究，而是一种新的思想生产行为。在徂徕学研究领域，日本政治思想史学家丸山真男是里程碑式的人物，他在其代表作《日本政治思想史研究》一书中套用黑格尔和法朗兹·波克诺的理论框架来分析日本近世，用“自然”—“作为”范畴描绘了从荻生徂徕的古文辞学到本居宣长等人的日本国学，以及“近代思维的萌芽”是如何从儒教思想尤其是朱子学中发育出来的过程。

丸山真男认为，江户时代初期，朱子学成为幕府扶持的官学，亦即官方意识形态，以“格物致知、诚意正心、修身齐家、治国平天下”为宗旨的朱子学把自然法则与伦理规范、个人道德与社会秩序都用“天理”这个概念进行统一的把握，从而论证了封建的社会秩序就是自然秩序。但是荻生徂徕把《大学》八条目拆解为“治国平天下”的“公”的领域和“人情

---

① 参见杨鸿烈：《中国法律在日本之影响》，载《中国法律在东亚诸国之影响》，商务印书馆1937年版。

人欲”的“私”的领域，既肯定了“公”领域的独立性，又承认了“私”领域的存在合理性，以此切断了朱子学“自然”与“社会”的连续性，把作为社会规范的“道”视为历史实在人物的先王圣人制作的“作品”，而赋予其“人为性”和“政治性”的性质。丸山真男把日本近世从朱子学关于政治—社会的“自然性”向徂徕学“人为性”的这一转换，比拟为欧洲在近代市民社会形成过程中，从“共同体”向以社会契约论为原理的“社会”的转换。

丸山真男把从朱子学到徂徕学这一日本近世儒教自我分裂的过程定义为近代意识的成长，以“自然”和“作为”这两个概念分别对应中世的社会—国家制度和近代的市民社会—国家制度。从丸山真男的徂徕研究中可以发现他其实有一个预设的观点，即儒家思想特别是朱子学等于封建思想，所以批判朱子学的徂徕学就代表近代思想意识的萌芽。他还在这个观点的基础上进一步推理论证徂徕学批判了儒学的德治主义，认为它更倾向于法家的法治主义，所以徂徕学的“法治”观念也顺理成章是其思想的近代性指标之一。

但如果我们深入分析一下作为将军德川吉宗政治顾问的荻生徂徕的经世论，就会发现荻生徂徕对“法治”的强调其实仍然未出儒家传统刑政论的框架。荻生徂徕主张社会规范和秩序都是先王圣人的作为，他的目的是唤起德川吉宗将军的作为，以强化在日本江户时代元禄、享保时期已经开始出现动摇征兆的封建社会体制。当时荻生徂徕面临的最大的政治难题是：由于日本社会实行士农工商四民等级身份制，武士阶级作为统治阶级位居四民之首，但在经济上却陷入了穷困的窘境，其作为社会指导阶级的权威性也大打折扣，这于武士阶级是极为不利的状况。

造成上述境况的深层原因在于：自日本战国时代安土桃山政权的创立者织田信长（1534—1582 年）开始推行的兵农分离政策使武士成了职业军人，他们脱离了领国土地，聚居于城市，不再从事生产，单纯消费；而且超出自己身份相应规格的过度消费现象愈演愈烈，导致社会财富逐渐聚集于本来是被统治者的工商阶层手中。作为社会各阶层行为准则的礼仪制度由此松弛以致混乱，随之身份制出现动摇，所以徂徕学经世论的宗旨就是如何彻底解除武士阶级的穷困，以维护江户幕府的政权稳定。唯一的方法就是让武士离开城市，回归领地，恢复平时务农、战时打仗的亦兵亦农状态，同时让每个社会成员严格按照其身份等级相应的礼仪与规则行动，否则就要施加刑罚作为惩治。

荻生徂徕指出，治理国家同时需要“礼、乐、刑、政”（礼仪、音乐、刑罚、政治）这一系统性工程，他的核心概念“道”就是中国古代尧、舜、禹、汤、文、武、周公这七个“先王”或曰“圣人”为了“安天下”而创造的“礼、乐、刑、政”这个综合性的政策体系，亦即“道者统名也，举礼乐刑政，凡先王所建者，合而命之”①。但荻生徂徕同时又强调“礼乐”的作用是优于“刑政”措施的：“盖先王知言语之不足以教人也，故作礼乐以教之。知政刑之不足以安民也，故作礼乐以化之。”② 可见，荻生徂徕依然遵循着儒家的“礼乐论”这一政治观模式。正因如此，他在奉德川吉宗将军之命翻译以儒家“德主刑辅”理念为原则的《大明律》、撰写《明律国字解》十六卷的解说时，竭力忠实于中国明律法典，而并未主张任何异见。

从史实看，荻生徂徕的确著有《读荀子》，并有倾心于荀子之处。我们知道，作为儒家的荀子提出的“性恶论”亦成了法家思想的源头；正因为如此，在中国思想史上，儒家的德治和法家的法治一直是一个争辩不休的问题。但“儒”“法”之争是否就等同于“封建性”与“近代性”之争？要辨析这一论争，还需要对这一论题产生的背景及其内在逻辑进行深入考察和论证。

中国近代著名法学家王伯琦曾介绍说，法国近代著名法学家狄骥

---

① 荻生徂徕：《辨道》，载《日本思想大系36·荻生徂徕》，岩波书店1973年版，第201页。
② 荻生徂徕：《辨道》，载《日本思想大系36·荻生徂徕》，岩波书店1973年版，第219页。

（Léon Deguit）把人们在社会上的一切行为规范，统名之谓社会规范（la norme sociale）；而法的规范则可分为两种，一为准则法（les régles de droit normátives），一为技术法（les régles de droit constructives on techniques）。所谓准则法是全社会所有人都必须遵守的行为法则，具有强制性；至于技术法，则是在可能范围内用以确保准则法被遵守或实施的法则。也就是说，准则法是目的，技术法是方法。王伯琦认为，中国数千年来用以维持社会秩序的一切规范，统名之曰礼；我们过去的所谓法，包括刑法和德法两种，亦称为礼度。这一德法与刑法之分，相当于准则法与技术法之分。礼是全部社会规范的总称，同时亦是准则法；刑法则是使准则法得以实施或实现的方法，是技术法。礼作为准则法，于儒法之视界中，并无异见。只不过在一般情形下，法家所称之法，是就技术法而言的；在法家那里，承认准则法之存在是其立论的前提，即法家绝不会不承认道德礼义之存在的先在性。由此观之，道德与法律同是人类行为的规范，本质上并无分别。所谓德治与法治，并非是一方要以道德来治理社会，另一方要以法律或以刑罚来治理社会。所谓德治，就是要以教化的方法来实现全部道德上的项目或目标；所谓法治，乃是要以刑罚的方法来实现一部分道德上的项目或目标。所以法治与德治，不是目的的对立，而是方法的不同。①

从这个立场来看，荻生徂徕虽然从维护日本近世等级身份制度出发，非常重视“法治”这一暴力手段，但从效果上来说，他更视为理想模式的还是“礼乐”对于人潜移默化的教化作用，这一点无疑是典型的儒家式刑政论。况且徂徕学以肯定后天禀赋的“气质不变”说来批判朱子性理学，致力于通过否定人性普遍内在的本来善的“天理”将现实社会中人的阶级身份加以合理化及固化；与其说这是“近代思想的萌芽”，不如说实际起到的却是作为统治阶级的一分子而努力维护封建等级身份制的负面作用。

---

① 王伯琦：《儒法二家争辩问题的本质》，载《近代法律思潮与中国固有文化》，清华大学出版社2005年版。

综上所述，徂徕学实际上是丸山真男为打破“日本的近代化是受西方思想影响的产物”这一通说而建构的一个神话，徂徕学对朱子学的批判更多的是反映了当时中日两国在政治体制和社会结构上的差异，而难以形成对朱子学的有效解构。当然，若换个视角来看，必须承认丸山真男的学说在今天仍然具有重要的现实意义。因为《日本政治思想史研究》的底稿本来是丸山真男撰于日本思想统制森严的战争时期，作为近代主义者的丸山真男无法直接批判日本国家和政府，就假托荻生徂徕这个江户时代思想家对腐朽的封建社会意识形态朱子学的批判，以曲折表达他对当时日本专制政府的不满和抵制。

三、对芦东山思想的再评价

综上所述，如何评价日本近世朱子学者芦东山的思想，归根结底是如何评价中国儒学“德治主义”观念的问题。对于儒家思想，无论是现代中国还是近代以来的日本，都曾经把儒学视为前近代的封建思想。历史发展到现代，一方面，伴随科学技术的飞速进步，全球化进程日益加快，市场经济日趋完善、拓展和发达，由之带来物质产品越来越丰富；但另一方面，人的欲望也越来越膨胀，由于过度掠夺资源，生态危机和环境污染问题已经威胁到人类自身的生存，导致了“物”支配“人”的“异化”悲剧。人类面对这些深刻的矛盾和危机，开始对以“竞争”和“效率”为原理的近代文明观产生了质疑和反思。

相较于西方近代人与自然二元对立的思维模式，强调以人的道德修养来自觉抑制欲望的朱子学则秉持连续性思维，即把人与自然视为一体而共生的，这无疑为人类思考未来的生活方式和社会形态提供了思想资源。纵观中国近代以来的文化启蒙历程，受全盘西化思潮的影响，儒家思想等传统文化一度被视为封建专制主义的意识形态。但人类发展史告诉我们，不论社会如何发展，人类都需要以道德来自觉调整人们之间以及个人和社会之间的关系，建立符合时代特点的行为规范。因此在当下的后现代语境中，对于儒家的德治主义理念也应给予客观的探讨和研究。

儒家传统强调应把个体价值放在具体的社会关系之中来把握，个体的价值观与社会的价值观是连续和一致的。《大学》八条目中“格物、致知、诚意、正心”的个人道德修养可以扩展到“修身、齐家、治国、平天下”的政治实践，“以德为本”“以德治世”的思想传统具有超越时代和国家的意义。即使在法律体系已经相当完备的当代社会，也不能单纯以遵纪守法作为公民行为的唯一准则，而应全面加入道德考量指标：不仅对政治家的行为要有较高的道德标准，即便作为普通社会成员的每个公民也应遵循社会道德伦理观念。这就需要重新审视儒学的现代价值，客观地评价儒学在实际生活中的作用，如把人的社会性视为人的本性，要求所有人践行道德实践，过有道德的生活，做有道德的人。

朱子学的修养论以性理学为基础，主张人性本善，虽然后天浸染了种种恶习，迷失了本性之善，但只要坚持道德修养，就可以除去这些后天之恶，恢复本来之善。日本由于没有引进中国式的科举制，而是实行士、农、工、商世袭身份制，从而导致了社会阶层的固化，引发了社会矛盾。芦东山从朱子学的性理学出发，主张“圣人之心，天下未尝有不可化之人”，亦即强调所有人在道德实践上的主体性和平等性，这是对日本近世世袭等级身份制的巨大冲击和挑战。然而，正是由于其《无刑录》思想具有超越时代与国家的意义，这一先驱性致使他遭到藩政当局的长年迫害，其先进的思想与理念多年未得以重视与传播。

民本思想是儒家德治主义的基础。孔子学说的核心是“仁者爱人”，“四海之内皆兄弟”（《论语·颜渊》），倡导对鳏寡、孤独、废疾等社会弱势群体进行扶助的仁爱精神。孟子进一步发展了孔子“仁”的精神，他的名言“民为贵，社稷次之，君为轻”（《孟子·尽心下》）虽然还不是现代意义上的民主观念，但是这种“以民为本”的主张已经认识到民众在国家和社会政治生活中的核心地位；如果统治者背离了民心，得不到民众的拥护，国家政权就会被人民群众用武力推翻。由此可见，儒家的“民本”思想在封建社会具有极大的进步性和人民性；儒学并不是片面维护统治阶级的利益，而是强调“礼之用，和为贵”，是一种以构建和谐社会为目标的社会管理学说体系。

以德治主义为原则，儒家的法律思想精髓体现为以道德教化为基础，以宽恕仁厚为宗旨。儒家强调为政者应首先在道德方面起表率作用，以道德力量去感化人民，而不是以刑罚或武力的方式去威服天下。残忍刻薄并非刑法本义，即使是倾向性恶论的荀子也说：“治之经，礼与刑，君子以修百姓宁。明德慎罚，国家既治四海平。”（《荀子·成相第二十五》）可见，儒家讲“法”是一种惩前毖后、治病救人式的社会教育，并非单纯以对犯罪个体的惩罚为目的。

日本虽然在基本原则上接受了儒家的德治主义，但始终排斥中国式的放逐不德非道君主的易姓革命论。比如，江户时代的儒学家便大多否定放伐之说，其结果导致德治主义在日本逐渐沦为一种空洞的教条；又如，日本古代的法律虽然是以中华法律为范本，但存在着重法令、轻道德的倾向。芦东山则明确地站在儒家德治主义立场，认为犯罪是由于为政者的不德所导致，所以在制定减少犯罪的对策时，为政者首先需要修己治人、涵养德性，从而达到教化民众的目的。刑罚只是辅助德治的一个手段，若政治清明，则刑罚无施，社会和谐。因此，芦东山所阐述的教育刑论的真正目的是要探讨如何实现不需要刑罚的理想社会，从这个意义上说，他是借《无刑录》阐发了自己的政治主张。

芦东山在《无刑录》中把人民视为“天民”，即“天下之人民皆天之所生”①，赋予民众以人格上的尊严，并同情在封建社会里处于弱势地位的

① 东山芦野德林：《无刑录·上卷》，佐伯复堂译注：《日本立法资料全集101》，信山社1998年版，“序解”第3页。

民众，反复呼吁统治者要以仁慈宽厚的“好生之德”“钦恤之心”[①] 施行仁政，治理国家。如果没有良好的政治政策和社会环境，统治者自身不修道德，只会依靠对民众滥施刑法，这无疑是统治者无良政治的具体表现。日本东北大学名誉教授高桥富雄对于芦东山从儒学立场出发主张的“重社稷，爱百姓”、不畏强权、关切民生的思想给予了高度评价，认为其与16—17世纪法国和英国的“人道主义”有相通之处。[②]

从这一文脉上，芦东山的思想学说正在被重新挖掘和整理，其代表作《无刑录》已被正式收入中国《儒藏》精华编“日本文献部类”。同时，2016年11月日本在早稻田大学举办了芦东山诞辰320周年纪念国际学术研讨会，并在芦东山的故乡岩手县一关市举行了芦东山纪念馆开馆十周年纪念讲演会等系列活动，这表明儒学家芦东山对理想政治和社会形态的探索正重新受到日本社会的瞩目；作为中国学者也应从挖掘整理中华思想文化遗产的角度，对以儒家德治主义为出发点的日本朱子学家芦东山的政治与法律思想进行深入的解读和评价。

---

① 东山芦野德林：《无刑录·上卷》，佐伯复堂译注：《日本立法资料全集101》，信山社1998年版，第21页。

② 东山芦野德林：《无刑录·上卷》，佐伯复堂译注：《日本立法资料全集101》，信山社1998年版，第137页。

第三章

横井小楠与朱子学

——以格物致知论为线索

◇陈毅立

横井小楠（1809—1869 年）出生于肥后藩的一个下级武士家庭，青年时期曾与友人组建肥后“实学党”，猛烈抨击当时藩校的学风，积极提倡为学之道必须在“日用事实上致知力行”。面对当时“黑船来袭”“西力东进”等复杂纷繁的国际局势，横井小楠作为越前藩的政治顾问撰写了诸多建言、论策，强烈主张和平通商、开国兴业，并提出以“仁义”之道来引领世界的国策。

鉴于横井小楠在幕末思想史上的重要性，迄今为止日本学术界在小楠研究领域已经有了较为丰厚的积累，研究成果主要可分为以下两种类型。

（一）传记类研究

山崎正董（1938 年）的基础性研究——《横井小楠》传记篇与遗稿篇（明治书院），为之后的小楠研究提供了充分的史料保障。战后，佐佐木宪德（1966 年）、圭室谛成（1967 年）、松浦玲（1976 年）、童门冬二（1994 年）、三上一夫（1996 年）等针对横井小楠的家庭出身、成长历程、生平事迹、思想特色做了宏观性论述。这些研究不仅综合性地勾勒出横井小楠的思想产生、发展、成熟的变化轨迹、契机以及对后世的影响，而且让读者深切地感受到其自强不息的人格魅力及志士精神。①

（二）专题类研究

此类研究多维度、宽视角地对横井小楠思想的某个层面进行了纵深式考察，塑造出多元化的横井小楠形象。

1. 政治思想家形象

松浦玲（1973 年）将横井小楠定位成试图将日本缔造为理想儒教国家的政治家。平石直昭（2006 年）认为横井小楠积极主张以朋友为出发点的水平式关系，这种主张从社会体系内部逐渐地对以世袭身份制为核心的幕藩体制进行了瓦解。② 源了圆（2001 年）在对横井小楠的国家理念进行考察后提出，横井小楠在积极提倡和平理念的同时，对现实政治的残酷性有着清醒的认识。他不仅是一个理想主义政治思想家，而且拥有现实主义的一面。通过富国强兵成为军事强国的同时，他也希望日本能成为实现世界和平的发起者。③

2. 实学教育家形象

源了圆（1991 年）通过对比黄宗羲的《明夷待访录》指出两人平生素未谋面，横井小楠也未曾读过黄宗羲的著作，但两人将学校作为公论、公议机关的这一构想却有着异曲同工之妙。④ 山崎益吉（2006 年）通过考察

---

① 山崎正董：《横井小楠（遗稿篇、传记篇）》，明治书院 1938 年版；佐佐木宪德：《横井小楠评传》，文化新报社 1966 年版；圭室谛成：《横井小楠》，吉川弘文馆 1967 年版；松浦玲：《横井小楠》，朝日新闻社 1976 年版；童门冬门：《小说横井小楠》，祥传社 1994 年版；三上一夫：《横井小楠的新政治社会像》，思文阁 1996 年版。

② 平石直昭：《幕末维新期：横井小楠和福泽谕吉．公共哲学 17》，东京大学出版会 2006 年版，第 8 页。

③ 源了圆：《横井小楠的国家观》，载《环》2001 年第 5 号。

④ 源了圆：《横井小楠的学问·教育·政治．日本思想史（37）》，塘鹅社 2005 年版，第 21 页。

《学校问答书》指出横井小楠的学问观以及教育观是以实学为根底的“博览强记”和“记词诵章”都被排除在外。[①] 堤克彦（2011 年）则将横井小楠的实学思想分成“登场期”“实践期”“复归期”三个时间段（见图 3－1），从而刻画出其实学思想的发展脉络。[②]

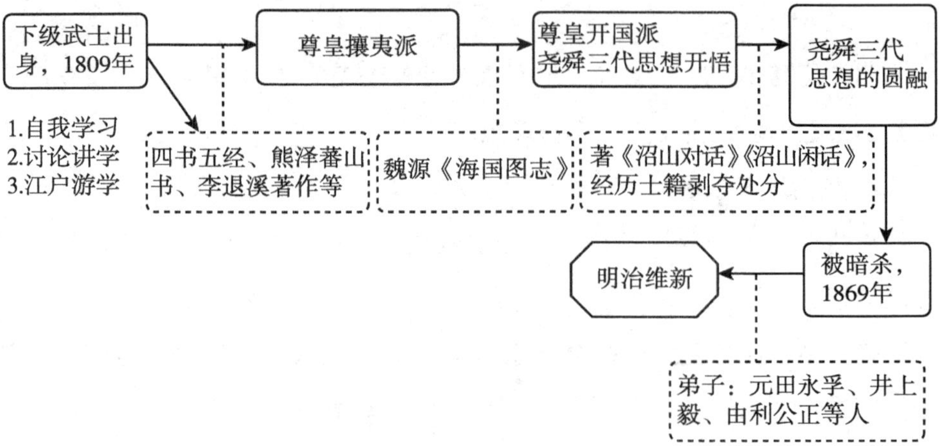

图 3－1　横井小楠思想嬗变略表

3. 经济思想家形象

山崎益吉（1991 年）对比了西方经济学家亚当·斯密的理论，得出了无论是亚当·斯密还是横井小楠，他们的经济学理论的成立大前提都归结为道德伦理的结论。[③] 川口浩（2010 年）在经济思想史的视域下对横井小楠的富国政策进行了考察，指出横井小楠认为经济的好坏并非自然而然，而需通过“官”即武士阶层进行调控，前提条件是要求武士阶层必须具备仁心与诚意。[④]

4. 公共思想家形象

平石直昭（2010 年）分析了“公共”一词在历史上的实际使用情况，

---

① 山崎益吉：《横井小楠的社会经济思想》，多贺出版社 1981 年版，第 217 页。
② 堤克彦：《横井小楠的实学思想》，塘鹅社 2011 年版。
③ 山崎益吉：《横井小楠的社会经济思想》，多贺出版社 1981 年版，第 174 页。
④ 山崎益吉：《横井小楠的社会经济思想》，多贺出版社 1981 年版，第 174 页。

并指出横井小楠的“公共”思想不仅具有普遍性，而且内含平等主义的意蕴。金泰昌（2010 年）认为当前社会重温横井小楠的思想具有重大的现实意义，因为横井小楠试图超越国家之壁垒，真诚地探索“天地公共之实理”，并期待通过互惠共赢的交易，实现世界的公共与和平。

与日本学界相比，国内有关横井小楠的研究可以说尚处于起步阶段。高增杰对比考察了横井小楠与佐久间象山的外交战略，并指出不同于佐久间象山的强兵路线，横井小楠通过一系列富国政策为未来的日本设计了一条和平发展的战略路线。[①] 陈秀武则从横井小楠的夷狄观入手勾勒出了一条“护幕攘夷；开国攘夷；尊王攘夷；富国强兵攘夷”的变化路径。[②] 李少军在《魏源、冯桂芬与横井小楠的富国思想之比较》一文中得出了横井小楠不同于魏源、冯桂芬二人，其突破了本国自足地发展经济的范畴，着眼于世界经济体系的结论。[③] 陈毅立以中庸思想为主线，考察了中庸思想对横井小楠的政治实践与文学创作的影响，并指出横井小楠对于中庸思想准确的认知以及坚决的执行，再次体现了中国传统文化的宝贵价值以及巨大影响。[④] 此外，汤重南校译的《国是三论》（中国物资出版社 2000 年版）同样对国内横井小楠研究的深化起到了一定的助推作用。

毋庸讳言，从国内的学术研究倾向看，为数不多的相关研究大都集中在横井小楠的政治思想、外交政策以及经济方针等领域。朱谦之虽对横井小楠的儒教思想进行了考察，但其因受井上哲次郎的影响将横井小楠定位为阳明学家。[⑤] 事实上，自横井小楠江户游学归来组建“实学党”之后，其在思想上就已经逐步实现了从阳明学向朱子学的过渡。元田永孚在回忆当时情景时言及：“时值横井由江府而归，其在江府因酒过失受官之责罚，服

① 高增杰：《近代初期关于日本未来前景的两种探索》，载《日本学刊》1999 年第 4 期，第 83 页。

② 陈秀武：《日本幕末期的外夷应对策略——以横井小楠为中心》，载《安徽史学》2012 年第 4 期，第 65 页。

③ 李少军：《魏源、冯桂芬与横井小楠的富国思想之比较》，载《江汉论坛》2000 年第 9 期。

④ 陈毅立：《横井小楠中庸思想之研究》，载《日本问题研究》2015 年第 6 期，第 35 页。

⑤ 朱谦之：《日本古学及阳明学》，上海人民出版社 1962 年版，第 327—330 页。

七十日禁足之戒，杜门而读书。初读阳明之书，直看破其学之偏。次读程朱之书，信其纯正圣人之道果兹在其中。”① 横井小楠本人亦咏诗述志：

吾慕紫阳学，学脉渊源深。
洞通万殊理，一本会此仁。
进退任天命，从容养道心。
叹息千秋久，传习有几人。②

由是观之，通过对儒家经典的研读，横井小楠对于朱子学的学脉渊源、核心概念以及终极关怀有了较为全面、深刻的体悟。本章试图从目前学界亟待厘清的朱子学与横井小楠思想关联性问题入手，全方位地深入考察横井小楠对朱子学的认知，详细分析其对历史上朱子学家的相关评价，以此清晰地勾勒出朱子学对于横井小楠思想、学说的形成所发挥的关键作用，从而明确朱子学在横井小楠的思想体系中的位置。

一、横井小楠之朱子学观

（一）对朱子后学的评价

朱熹一生虽数度执政，但其主要精力仍用在教化育人、著书立言之上，《近思录》《四书集注》《朱子语类》等都乃其思想精华之所在。横井小楠认为后学之人如能熟读玩味这些气势磅礴、体系浩大且花费朱熹“毕生之

① 山崎正董编：《横井小楠传记篇》，大和学艺图书 1977 年版，第 69—70 页。
② 野口宗亲：《横井小楠汉诗文全释》，创流出版株式会社 2011 年版，第 143 页。

力”的作品，便能“会先圣之深意，明虚灵之心体”。从宋末到清末，中国虽然经历了改朝换代，但朱子学却始终被统治阶级认定为正统思想，并冠以“官学”之名。即便是在中国首个由少数民族开创的统一王朝元朝，朱子学也得到了广泛的流传。正如元代学者虞集所称：“朱学及其师友之说，以为是国是。非斯言也，罢而黜之。其正乎道统之传，可谓严矣。”[①] 然而根据横井小楠的观察，后世学者缺乏为己之志，并不将注意力集中在朱熹理论的本身，而是迷恋于“末书新奇可喜之处”。[②] 所谓的“末书”，乃泛指“举业之书”，尤以明朝永乐年间所编撰的《四书大学》《五经大全》《性理大全》为典型。横井小楠对此有着深刻的体悟。

> 自永乐大全盛行，学者以此为朱学之要典，和汉古今相继尊奉。窃谓此书本意毕竟为举业而设，天下万姓不明道之本意，仅就文义作解说。[③]

正是因为永乐大全，致使朱子学沦落成为“俗儒无用之学”。横井小楠的这段话，实际上蕴含着三层内容。

首先，朱子后学有悖于孔子强调的“古之学者为己”原则。“为己”并不等同于追求自私自利、钓沽功名利禄，更与自我封闭的状态大相径庭，而是在于活出真实的、有意义的自我，从而达到兼济天下的目标。在横井小楠看来，当时的朱子学受到了科举这一功利思想的影响，完全违背了朱熹所追求的重视道德自觉、节制感性欲望的教义，大都迷惑于世俗利害之私，实属人为之凿，浅陋乖离，失去了现实价值。这种“俗儒无用之学”不仅无益心身，甚至反而害道，因此，对于永乐帝横井小楠可谓“恨屋及乌”。“永乐藩主杀天子，夺天下。……灭绝人伦，自认弘扬朱子纲常之正

① 朱杰人、严文儒：《朱子全书与朱子学》，华东师范大学出版社2005年版，第7页。
② 山崎正董编：《横井小楠遗稿篇》，大和学艺图书1977年版，第127页。
③ 山崎正董编：《横井小楠遗稿篇》，大和学艺图书1977年版，第128页。

学，无耻之心甚矣”① 的表述，足见其对永乐帝的极度不满，愤恨之情溢于言表。

其次，“俗儒无用之学”表现为专注训诂文义之习，而横井小楠着力于通过“工夫之实”，体会并验证古今“理之活动”②。小楠确信“理”乃“活理”，绝非“死理”，在蛰居沼山与井上毅的对话中，有一段耐人寻味的陈述：“古之学皆在思之一字。凡人心之知觉诚然无限，扩此知觉则天下无一物不留我心。心之知觉即思，悟其道则天下之物理皆为我物。”③ 可见横井小楠坚信学问贵在思考，人拥有无穷认知能力的知觉，所以一旦掌握了个别事物之理，便能触类旁通，豁然通达。在横井小楠的思维模式中：格物“穷天下之理”“思的作用”。阅读儒家经典的目的并不局限于单纯的知识积累，关键在于将经典中的理与内心之理进行匹配，然后融会内心之理，推及万物之理。

最后，横井小楠严格区别对待朱子学本身与朱子后学，并以永乐大全的编撰为界，将朱子后学者，即“俗儒”再次细分化，并从宏观的角度选择性地进行了点评。他指出：“朱熹以后的宋、元儒者虽缺乏盛大之气象，但大抵能恪守师说，无支离破碎之病。然至明、清儒者缺乏思考，误解格致之训，将一味读书与考究词义作为学问。”④ 实际上，朱熹对于六朝至唐初，学者们大多关心诗文训诂，经世济民的精神日渐黯淡的困境也有相关的论述：“自是以来，俗儒记诵词章之习，其功倍于小学而无用。异端虚无寂灭之教，其高过于大学无实。其他权谋术数，一切以就功名之说，与夫百家众技之流，所以惑世诬民，充塞仁义者，又纷然杂出乎其间。使其君子不幸而不得闻大道之要，其小人不幸而不得蒙致治之泽，晦盲否塞，反覆沉痼，以及五季之衰，而坏乱极矣。”⑤ 毫无疑问，横井小楠对此有着清

① 山崎正董编：《横井小楠遗稿篇》，大和学艺图书 1977 年版，第 128 页。
② 山崎正董编：《横井小楠遗稿篇》，大和学艺图书 1977 年版，第 129 页。
③ 山崎正董编：《横井小楠遗稿篇》，大和学艺图书 1977 年版，第 898 页。
④ 山崎正董编：《横井小楠遗稿篇》，大和学艺图书 1977 年版，第 131 页。
⑤ 朱熹：《四书章句集注》，中华书局 1983 年版，第 2 页。

醒的认识。

上文中已提到随着永乐大全的出现，朱子学被确立为官方学术后，在政治领域展现出了巨大的权威性，成为政治统治的理论依据。另外，受制于科举的禁锢，朱子学在思想层面的活力日益衰退，其理论也日渐趋于体制化、教条化。于是便出现了修正朱子学的动向，其中当以王守仁的“致良知”说为代表。不同于朱熹的格物穷理与持敬静坐来达到圣人之境界，王守仁认为只要发挥存在于每个人内心中的良知，即“致良知之天理于事事物物，则事事物物皆得其理也”。他甚至还留下了“满街皆圣人”的名言。对于王守仁及其阳明学，横井小楠也有着独到的见解。他评论道：“王阳明见俗儒之弊，认为问题出在朱子的格致之训上，于是倡导良知之说，然又因陷寂禅异端，致朱、王之学二分，此乃道之大害。”① 至于清儒，横井小楠的评价则更低。在他看来，清儒大抵以考证为学，致使朱子学中的圣人之道被等闲视之，诚可谓“支离破碎之至极”。

尽管宋末以来俗儒众多，可圈可点之人屈指可数。薛文靖（1389—1464 年）却着实是个例外，他受到了横井小楠的高度评价。

（二）横井小楠对薛文靖的评价

通常在中国的史料中，“文靖”往往记载为“文清”，乃为其谥号。薛文清本名薛瑄，山西人士。其祖父薛仲义精通儒家经典，生平浩然正气，拒不仕元朝，毅然选择归乡教书育人。其父薛贞也函授儒学于乡校。出生于书香门第的文清自幼便接受了严格的儒学教育，7 岁便能熟读《小学》与四书经典，13 岁时更是热衷于五经的学习。文清拥有极高的诗文造诣，然而他却能够清晰地意识到吟诗作文并非学问之真谛，他说，“读圣贤之书，句句字字有实用处，方为实学。若徒取以为口耳文词之资，非实学

① 山崎正董编：《横井小楠遗稿篇》，大和学艺图书 1977 年版，第 129 页。

也”。可见其切实地继承并发扬了朱熹的思想，摒弃一切空虚之说，强调用力功夫皆在实处的“实学”理念。文清生平留下的著作虽说不多，但却十分精辟，其中首推《读书录》与《读书续录》。

在横井小楠眼里，薛文清恰到好处地理解并履行了朱熹的思想，堪称“古今绝无之真儒”。他感叹：

> 明一代之真儒薛文靖是也。此外尚有朝鲜李退溪，退溪却在文靖之上。古今绝无之真儒，朱子以后止此二贤也。故《读书录》《自省录》等书同于程朱之书，学者读之可获心得也。①

李退溪本名李滉，是朝鲜时期著名的朱子学家，享有“东方小朱子”之美誉。日本江户时期众多儒学思想家，诸如藤原惺窝（1561—1619年）、林罗山（1583—1657年）、山崎暗斋（1618—1682年）、佐藤直方（1650—1719年）无不熟读玩味过李退溪的著作，不仅深受启迪，而且对李退溪的思想、人格也产生过巨大的共鸣。此外，横井小楠私淑的熊本藩大儒大塚退野（1677—1750年）同样倾慕于李退溪的学问。②

薛文清能与李退溪并肩，足以见其学说、思想深得朱熹之精华。作为一名笃实的朱子学家，理气论自然是其关注的重点之一。薛文清不仅接受了朱熹的“理在气中”的理论，而且对其进行修正、补充。他阐述：

> 理在人如仁义礼智之性、在天如元亨利贞之命是也。只是合当如是、便是理。理只气中，决不可分先后。③

① 山崎正董编：《横井小楠遗稿篇》，大和学艺图书1977年版，第130页。

② 阿部吉雄在《日本朱子学与朝鲜》（东京大学出版会1965年版）中提到：九州熊本的兴起的朱子学派与崎门派的朱子学同调异趣。涌现了像大塚退野、薮慎庵、薮孤山，到幕末维新时期的横井小楠、元田永孚等人。他们被称为熊本实学派。他们的实学与后世所称的实学不同，是期求人生意义的实事求是的学问。这派人对于李退溪的尊信在佐藤直方他们之上。

③ 黄宗羲：《明儒学案》，世界书局1960年版，第47页。

“理只气中，决不可分先后”显而易见与主张“未有天地之先，毕竟先有此理，有此理便有此气”的朱熹言论保持了一定的距离。此处“元亨利贞”乃《易经》中乾卦的内容。“元”代表万物之始，“亨”意为万物之长，“利”则表示万物之育，“贞”则作成就解释。春夏秋冬配以仁义礼智成为天之四德。文清生平爱读《易经》，尤其关注《易经》中的变通之理。正如：“易变易也。变易以从道也。如人之一动一静、皆变易也。而动静之合乎理者即道也。”① 当然这种变通并非杂乱无章，而是合乎道理，真实无妄。在此基础上，他导出“实理实气”之理论，“实气实理，充塞而无穷，流行而无止息”“大无外，小无内，一实理实气贯之”。②

尽管薛文清一再强调实理实气是不可分离的，但下面这个比喻让我们不难发现其理论依然未到圆融之处。他说：

> 理如日光。气如飞鸟。理乘气机而动，如日光载鸟背而飞。……理如日月之光、大小之物、各得其光之一分。物在则光在物，物尽则光在光。③

“光鸟之说”证明薛文清的理论依然将理、气视为二物，尚不能说其已超越朱熹的理论框架。除此以外，薛文清还崇尚“立心为本”的功夫论。他强调：“功夫紧贴在身心做，不可斯须外离。”必须指出的是“紧贴身心做功夫”并不意味着其只着力于内心的存养，而放弃外在的履践。对于这一点，他有着清醒的认识：“人只于身内求道，殊不知身外皆道，浑合无间，初无内外也。”“不可将身外地面作虚空看，盖身外无非真实之理，与身内之理混合无间也。”④ 从而合理地维持了存在论层面之“理”与行动规

① 黄宗羲：《明儒学案》，世界书局1960年版，第45页。
② 黄宗羲：《明儒学案》，世界书局1960年版，第48页。
③ 黄宗羲：《明儒学案》，世界书局1960年版，第47页。
④ 黄宗羲：《明儒学案》，世界书局1960年版，第130页。

范层面之“理”的平衡。

横井小楠虽然在本体论上对理气哲学没有进行深入探讨，但毋庸讳言其对薛文清的“立心为本”的功夫论以及“实理实气”之说还是倍加推崇的。

二、横井小楠之“格物穷理”论

朱子学东传日本后，虽说关于宇宙自然的根源、法则性形而上的“理”观未被日本学者所吸收，但将“理”确定为人类关系的道理或物与物之间的物理，亦即日常伦理与自然科学的物理这样日本式的理观却有了广泛的生存空间。横井小楠同样继承了这一特色，努力强调“虚心见理之训”的重要性。[①] 通过永嘉四年（1851 年）冈田准介的信函，我们对横井小楠所构想的“理”能够有个较为直观的认知：“儒家经典都是在陈述日用事实之义理，所以必须通过日用事实才能辨明其义，若不在日用事实之上辨明义理，且不于书物上寻求合点，则犹如下围棋时不思考当前的局势，而一味回忆定式一般。”[②]

其实两年前的 1849 年，横井小楠已经在《奉问条条》中论及后世学者由于深受举业之累，不仅忽略了“理之活动”的特色，而且无视古今时世义理当否之讨论。在此我们可以确定横井小楠首先将“理”作为“义理”来对待，而且其所构想的“义理”绝非僵硬刻板、一成不变的，它是需要通过日常生活中的实践躬行来具体把握和体会的“活理”。19 世纪中期以后，随着国际政治局势的复杂化，以传统“华夷观”为支撑的东亚政治秩序受到了前所未有的挑战。面对着西方的“坚船利炮”，日本的有识之士同

① 山崎正董编：《横井小楠遗稿篇》，大和学艺图书 1977 年版，第 129 页。
② 山崎正董编：《横井小楠遗稿篇》，大和学艺图书 1977 年版，第 158 页。

样必须迅速摸索出新的应对方案。横井小楠身处当时那个风云变幻的时代，在承认“理”具有普遍性的同时，积极主张现实生活中“理”之活性。朱熹本人以及党争之祸横行的南宋，毫无疑问在横井小楠的脑海里已经烙上了深深的印记。他感慨：

> 朱子平生之义气，感动天下之人心。其尤分晓兵家之事，读其书则可自明。[①]
>
> 抑党祸之事史册上历照明鉴，欧阳、朱子诸公于此皆呕心沥血痛论辩白。[②]

横井小楠清晰地意识到强大的黑船所带来的外部压力与日本国内“开国”“攘夷”两派的内部纷争已使日本陷入风雨飘摇、岌岌可危的境遇。直觉告诉横井小楠仅凭朱子学的“居敬而穷理”完全无法使日本摆脱被西方列强吞并的存亡危机，因此明辨“义理”实质上等同于考究“古今天地人情事变之物理”。[③] 这种把握和体认客观事物之“物理”的能力才是真正意义上的“格物穷理”，对于圣明的统治者而言，“穷理”是不可或缺的重要资质。

横井小楠精心设定的这个“活理”，除了“义理”之名外，有时亦被横井小楠称为“自然之道理”“天理”。《夷虏应接大意》一文中，横井小楠率先提出了应以有道、无道的原则来决定是否开国，之后他还特别谈及：“凡天地之间只是有个道理。以道理而谕告天下，即便是夷狄禽兽也不得不服。”“我国应以战斗必死为宗，奉天下之大义而行应接彼国之道。”[④] 可见

① 山崎正董编：《横井小楠遗稿篇》，大和学艺图书 1977 年版，第 10 页。
② 山崎正董编：《横井小楠遗稿篇》，大和学艺图书 1977 年版，第 148 页。
③ 山崎正董编：《横井小楠遗稿篇》，大和学艺图书 1977 年版，第 269 页。
④ 山口宗之：《渡边华山・高野长英・佐久间象山・横井小楠・桥本左内（日本思想大系 55）》，岩波书店 1971 年版，第 435—436 页。

他殷切期待通过“道理”“大义”等方式来实现日本之独立、世界之和平。

尤其值得注意的是，此处横井小楠构建的“理”从整体上实现了物理与道理的统合，理不以人的主观意志为转移，具有普遍性，而且完全符合朱子学“万物皆有理，顺之则易，逆之则难”的原则。

另外，横井小楠追求的“理”虽说继承了朱子学“理一分殊”“道理与物理并存”的特色，但是其欲精心打造的“格物”则是始终紧密围绕当时日本社会所面临的内忧外患实施的一种主体性的思索。魏源《海国图志》的传入，不仅使横井小楠对于外国的制度有了更为清晰的认识，而且改变了他对国际局势的判断以及对西方诸国的态度。在“应时随势得其宜之道理乃真道理”的原则下，他在思想上终于完成了由攘夷向开国的嬗变。关于自身思想的巨大转变横井小楠尝试运用《易经》中的“变通”来作解释。

> 天地之道穷则变，变则通，无一定之理。国势之卑弱虽至今日，然若变通之道得其宜，元本地势之灵、人民之殖数年之后则必然大兴也。①

此处，横井小楠试图再次唤醒人们对“理”之变化、活动特质的重视，同时也鲜明地反映出他对于理气关系的读解，即“理与势总相因而不离”。在此思想前提下，他在《国是三论》中强烈批评锁国只是出于“一国之私”，并大声呼吁交易之道方才是“天地固有之定理”。他坚决地表示作为统治者应当“开交易之道，与外国为对象，守信固义，兴通商通财用”②，这样才能实现仁政。在他看来，只有奉行作为“天地固有之定理”的通商

① 山崎正董编：《横井小楠遗稿篇》，大和学艺图书1977年版，第64页。

② 山口宗之：《渡边华山·高野长英·佐久间象山·横井小楠·桥本左内（日本思想大系55）》，岩波书店1971年版，第436页。

贸易，才能参与并融入世界经济活动之中，才有可能盘活日本经济，实现真正意义的国富民强。

“理”虽随势动而变，但归根结底毕竟是“定理”“一理”。无论如何，“天地之大义”“公共之天理”具有超越时空的普遍性，其地位至高无上、不可撼动。在送别两位外甥赴美留学之际，横井小楠吟诗表达了对他们的殷切期待。

> 明尧舜孔子之道，尽西洋器械之术。何止富国，何止强兵。布大义于四海而已。①

从“布大义于四海”的表述中，我们不难判断横井小楠设想的“大义”具有一种能够超越地域的普遍性特质。而“大义”的具体内容则被概括为“尧舜孔子之道”。横井小楠寄给留美外甥的信函中还特意强调：“富国强兵器械之事，时至今日已呈现前所未有之盛大气象，然就道而言，世上除尧舜孔子之道以外，别无其他。”由是观之，横井小楠极力主张将“三代之道”视为“公共之天理”，并把其当作贯穿世界的核心脉络。1856 年在给福井藩藩士村田氏寿的文书中，横井小楠强烈批评佐久间象山（1821—1864 年）已经“陷入邪教”之见。原因就在于佐久间象山认为“一切政事战法皆在西洋之道中，而圣人之道唯独只能散见于易经”。② 在横井小楠看来，“三代之道”更能直接和客观地体现圣人之道，而三代圣人利用厚生的格物才是保证国家富强、世界和平之根本所在。他振臂疾呼：“受天帝之命，行拓天工之心，山川、草木、鸟兽、货物，无不尽其格物之用，开地经野利用厚生之事无可不及。”③

① 山崎正董编：《横井小楠遗稿篇》，大和学艺图书 1977 年版，第 726 页。
② 山崎正董编：《横井小楠遗稿篇》，大和学艺图书 1977 年版，第 245 页。
③ 山崎正董编：《横井小楠遗稿篇》，大和学艺图书 1977 年版，第 922 页。

结语：继承与融会

尝读朱子书，如有会其旨。致知固不轻，所重在实履。

静里养间气，动处察天理。须臾不离道，到此是达士。①

以上这首诗充分展现了横井小楠对于朱子学的深刻认识。朱熹一贯主张只要有“物”，则必定有与之相对应的“理”。当然，“物”的含义不仅单纯地停留在个别而具体的某样东西层面，“读书”“听人说话”等也涵盖在“物”的范畴中。朱熹以“格物”替换“穷理”的真实意图在于防止“理”陷入抽象化和空洞化。朱熹曾言道：“人多把这道理作一个悬空底物。大学不说穷理，只说个格物，便是要人就事物上理会，如此方见得实体。所谓实体，非就事物上见不得。且如作舟以行水，作车以行陆。今试以众人之力共推一舟于陆，必不能行，方见得舟果不能以行陆也，此之所谓实体。”② 横井小楠则秉承了朱熹一贯的思想，坚决反对“为人之学”的功利思想，强烈批判永乐大全等给后世学人带上思想枷锁的举业之书。同时他也清醒地意识到当时日本的学问正溺于高远空疏之谈，流于训诂诵之末，因此积极提倡“事上合心之实学”。换言之，学问本身应当是“日用事实之义理”，而为学之关键实际在于明辨“日用事实之义理”，这也就顺理成章地成为了横井小楠式“格物穷理”的基本前提。

尽管横井小楠对朱熹的人格魅力以及思想体系感同身受，但是他并没有完全拘泥于朱子学说，借用他本人的话言之，即“没有沦为朱熹的奴隶”。在冷静地分析了朱熹学说，并借鉴薛文清以及李退溪等朱子后学的思

① 野口宗亲：《横井小楠汉诗文全释》，创流出版株式会社2011年版，第151页。

② 梨靖德编：《朱子语类》（第一册），中华书局1986年版，第288页。

想之后，他不仅否定了理的先验性，即“未有天地之先，毕竟是先有此理”，而且主张理随气（势）动，理为“活理”，同时还选择性地排斥了朱熹理论中有关形而上的性命道理之说。横井小楠明确指出朱子后学的弊端，曰：“宋之大儒发明天人一体之理并持其说。然而只在性命道理上下工夫，而欠缺有关天人现状之分析的思维。”[①] 概括而言，尧舜三代的理念虽然是横井小楠毕生为之奋斗的目标，但“三代之道”绝非如部分先行研究所述完全凌驾于朱子学之上，横井小楠虽摒弃了朱子学“格物”论所追求内在道德理念的框架，但朱子学的格物穷理思想却在其整个生涯中一以贯之。只不过横井小楠将“三代之道”与朱子学进行了创造性的融合，民众的利用厚生成为了其“格物”的终极关怀，而“三代”思想中所注重的六府（水、火、金、木、土、谷）亦升华成为其“格物”之核心对象。

---

① 山崎正董编：《横井小楠遗稿篇》，大和学艺图书 1977 年版，第 922 页。

第二编

日本朱子学的思想转变

第四章

安东省庵与朱子学

——论朱子学的日本化

◇王　青

安东省庵（1622—1701 年）是日本江户时代（1603—1867 年）筑后国（今福冈县南部）柳川藩第二代藩主立花忠茂的武士，名守约，号省庵，他以对程朱理学有深刻独到的见解而著称于世。中国明朝遗臣朱舜水 1661 年流亡至日本长崎，省庵慕名前往求教，并把一半俸禄赠给朱舜水，救他于困境，此事成为中日文化交流史上的一段佳话。朱舜水与安东省庵不仅有师生之谊，甚至“恩如父子”，在朱谦之整理的《朱舜水集》中共收录了朱舜水的《与安东守约书二十五首》《答安东守约书三十首》《答安东守约问三十四条》《答安东守约问八条》《谕安东守约规》，以及安东省庵的《祭朱先生文三首》《悼朱先生文》《上朱先生文二十二首》《朱舜水先生文集序》，全面反映了二人之间的思想交流情况。因此之故，中国学术界主要是侧重于从中日文化交流史的角度阐述朱舜水与安东省庵之间的影响传承关系。

安东省庵固然受朱舜水影响很大，但他的思想源头并不止于朱舜水，而且在朱舜水的学术思想在日本还不为人所知的情况下，是安东省庵慧眼识英雄，使朱舜水得以在日本立足，最终通过水户藩主德川光圀的赏识得以在日本传播儒学，对日本社会发挥了巨大影响，可以说安东省庵与朱舜水是相互成就的。安东省庵在柳川藩作为儒官从事教育工作43年，他以及与他有相近学术倾向的海西朱子学派等对朱子学的接受和发挥奠定了日本实证科学的哲学基础，安东省庵因其学术上的独特造诣，在当时就被同时代的著名儒学家伊藤东涯誉为“海西之巨儒”。

21世纪以来，为弘扬九州地区地域文化的传统和价值，安东省庵被当地人誉为柳川藩儒学之祖，他的故乡福冈县柳川市整理出版了《安东省庵集影印编》，收录了他的《三忠传》、《增补历代帝王图》、《续古文真宝》、《省庵先生遗集》十二卷、《初学心法》、《幼学类编》、《霞池省庵手简》、《耻斋漫录》等著作，并举办了学术研讨会和系列纪念活动。全面总结安东省庵的学术主张和思想特点，深入解析安东省庵的学术思想在日本思想史上的独特价值和地位，并进一步以此为例考察中国朱子学在日本江户时代的传播和发展，以及朱子学对日本近代化所发挥的作用，是十分有必要的工作。

一

朱舜水（1600—1682年）和黄宗羲、王夫之、顾炎武、颜元一起被称为明末清初五大学者，并与王阳明、黄梨洲、严子陵被并称为余姚四先贤。清兵入关后，朱舜水怀着强烈的民族气节，毅然投身抗清复明活动，历尽曲折和艰辛，但终因大势已去，遂于1661年怀着蹈海全节之志，流亡日本。安东省庵慕名前来问学，并为之上下奔走，终得奉行锁国政策的日本幕府批准，破“三四十年不留一唐人”之禁令，准许朱舜水在长崎登陆定居。

朱舜水与日本水户学派的成立有很深的渊源。水户藩主德川光圀受朱舜水源自中国浙东学派的重史学风的影响，于1672年设置修史处彰考馆，编纂《大日本史》，由朱舜水的学生安积觉担任主编，水户学就是在编纂《大日本史》过程中形成的学派。朱舜水强调忠义精神，尊奉正朔。水户学发扬了朱舜水的史学思想，以朱子学大义名分论为中心，同时吸收了日本国学和神道教的因素，逐渐形成了尊王抑藩、统一国家、忠君爱国的观念，成为倒幕运动以及明治维新的重要理论来源。

朱舜水主张“实理实学”，在学统上继承周敦颐、张载、二程和朱熹。他自称：“岂有君臣、父子、夫妇、昆弟、朋友之道，而与濂、洛、关、闽之学有异焉者？濂、洛、关、闽五先生研精穷理，宁有疑贰？”“未尝自叛于周、程、张、朱也。”① 他不仅反对玄虚的佛教，还认为阳明学的“良知”“心性”说也是“染于佛氏”，他明确地表明自己是“不以良知赤白自立门户”。② 甚至还批评理学空疏，认为“居敬穷理”“格物致知”导致“专在理学研穷”的空谈学风，“宋儒辨析毫厘，终不曾做得一事，况又于其屋下架屋哉！”③ 他认为学问的目的是经世致用，“为学之道，在于近里着己，有益天下国家”，即以有益于天下国家的实用性为价值。而且他特别强调实践性，“学问之道，贵在实行……圣贤之学，俱在践履”。④ 他总结明亡的惨痛教训就是由于“说玄说妙，言高言远”的空疏学风导致明末科举制沦为读书人攫取个人功名的手段，而忘了经世济民的责任所在，以致“丧败国家”！⑤

虽然朱舜水始终未脱离程朱理学的范围，但他站在重视实用性的实学立场上，主张对程朱理学也要“取其精意”⑥；同时从功利主义角度讲，他认为陆象山的“尊德性”和王阳明的“讲良知”其实与朱子学的“道问学”殊途同归，“到究竟总是一般”⑦，表现出一种融合、折中的实用主义学风。

---

① 朱舜水：《答某书》，载《朱舜水集》（上册），中华书局 1981 年版，第 110、111 页。
② 朱舜水：《答某书》，载《朱舜水集》（上册），中华书局 1981 年版，第 112 页。
③ 朱舜水：《与安东守约书》，载《朱舜水集》（上册），中华书局 1981 年版，第 160 页。
④ 朱舜水：《答安东守约问》，载《朱舜水集》（上册），中华书局 1981 年版，第 369 页。
⑤ 朱舜水：《勿齐记》，载《朱舜水集》（上册），中华书局 1981 年版，第 485 页。
⑥ 朱舜水：《答某书》，载《朱舜水集》（上册），中华书局 1981 年版，第 111 页。
⑦ 朱舜水：《答安东守约问》，载《朱舜水集》（上册），中华书局 1981 年版，第 396 页。

朱舜水当然也以仁政为理想政治，但他更尊崇强调“君子以‘仁’为己任，志于道，据于德，游于艺”的孔孟圣贤之学，认为“圣学”精髓就存在于日常的实际生活中，“其所以授受者，止于日用之能事，下学之工夫……故知道之至极者，在此而不在彼也”。[①] 作为朱子学者的朱舜水并不空谈“性”“理”，而很重视实用技术和技能，他赴日后不仅传播儒学思想，还把明朝有关种地、酿酒、屠宰等各行业的先进生产技术也都传授给日本社会，“胜国宾师”就是德川光圀对朱舜水的由衷赞扬。

朱舜水初到日本时面临的是，尽管江户时代初期幕府政权需要树立朱子学为符合武士阶级利益的新价值观，但佛教自中世纪以来一直占据日本社会的主流意识形态，儒学依附于佛教，导致圣（儒）教未兴，甚至很多朱子学者也兼有僧侣主义倾向，“通国皆学佛之人”[②]，令他产生了“日本遍地皆佛，嘘佛之气，足以飘我；濡佛之沫，足以溺我”[③] 的无奈感慨。

虽然朱舜水去日本“初非为倡明道学而来”，此时他不得不决心“倡明绝学”，以经世致用的“圣贤之学”对日本的空疏学风展开批判。[④] 对抗清复明事业已心灰意冷的朱舜水非常期待儒学在江户日本得到弘扬，“则既绝圣贤之道，一旦振兴于贵国，此今日中原、九州之所不及也”[⑤]，“岂孔颜之独在于中华，而尧舜之不生于绝域”[⑥]，朱舜水对于日本延续儒学道统寄予厚望。

安东省庵青年时曾在京都跟随著名学者松永尺五（1592—1657 年）学习朱子学，“所读唯《小学》、《四书》、《五经》、《性理大全》暨《近思录》、《读书录》等”[⑦]，作为朱子学者的他立志要以“儒者之道，修身及

① 朱舜水：《勿齐记》，载《朱舜水集》（下册），中华书局 1981 年版，第 485 页。
② 朱舜水：《与佐藤弥四郎书》，载《朱舜水集》（上册），中华书局 1981 年版，第 98 页。
③ 朱舜水：《答奥村庸礼书》，载《朱舜水集》（上册），中华书局 1981 年版，第 268 页。
④ 朱舜水：《答安东守约书三十首》，载《朱舜水集》（上册），中华书局 1981 年版，第 181 页。
⑤ 朱舜水：《答安东守约书三十首》，载《朱舜水集》（上册），中华书局 1981 年版，第 176 页。
⑥ 朱舜水：《答安东守约书三十首》，载《朱舜水集》（上册），中华书局 1981 年版，第 169 页。
⑦ 安东省庵：《上朱先生二十二首》，载《朱舜水集》（下册），中华书局 1981 年版，第 746 页。

家、平国天下，可以配神明，而参变化也”①。

安东省庵正是因为视佛教为“异端”，立志弘扬“圣贤之学”的朱子学，才与朱舜水在思想上高度契合：“近世一种阳儒阴佛之辈，涂人之耳目者，不暇枚举。先生（指朱舜水——笔者按）慨然以正学为己任，敬想天使先生继斯道之统，故守节不死，将及中兴之时也，宁不自爱乎？守约无他长，只好圣贤之学，未至者也。然知愚儒可怪，异端可排，伏乞书自上古圣贤至明儒道统图以赐之，岂不后生之幸乎！”② 对于安东省庵这种“立志砥行，慨然以圣学自勉”的坚定精神，朱舜水称赞道，“柳川安东省庵者，真贵国豪杰之士”③，并以从不轻易许人的“知己”④ 二字来表达他与安东省庵在思想上的一致性。

宋明学者往往受佛教、老庄思想的影响，提倡心性之说，明朝学者陈建著《学蔀通辨》，从朱子学的立场批评陆象山等“援儒入佛”，并依据《朱子文集》《语类》《年谱》等书进行分析辨明。前编剖析朱、陆早同晚异之实，后编辨析陆象山阳儒阴释之实，续编揭露佛学迷惑，弘扬圣贤正学。

安东省庵对《学蔀通辨》做了日本式训点，在“跋文”中高度评价此书功可比朱子，并对佛教和阳儒阴佛的陆王学说进行了批评：“学术之蔀，释氏为最甚矣。以谈寂灭，则知者好之；以谈祸福，则愚者惑之，此所以其徒愈众而吾道愈孤也。古者杨墨塞路，孟子辞而辟之廓如也，故曰孟子之功不在禹下。……如陆氏顿悟、王氏简易直截，乃释氏不立文字机轴，似以六经为附赘悬疣，且其言曰六经著我，六经亦史，是作后世废学俑也。彼乃阴剿佛说阳附，吾儒人不觉其自入禅尔。……清澜先生作为此书，究辨真

① 安东省庵：《上朱先生二十二首》，载《朱舜水集》（下册），中华书局1981年版，第747页。
② 安东省庵：《上朱先生二十二首》，载《朱舜水集》（下册），中华书局1981年版，第748页。
③ 朱舜水：《答明石源助书》，载《朱舜水集》（上册），中华书局1981年版，第84页。
④ 朱舜水：《答安东守约书三十首》，载《朱舜水集》（上册），中华书局1981年版，第186页。

似，是非明白，痛快不遗余力，重重蔀障瓦解冰消，其功岂在朱子下乎！”①

倾倒于朱子学的安东省庵反对王阳明“简易直截”的“良知”说，而推崇“居敬穷理”的“学知”说，“能知达道为知，知本为良知，不学可乎？曰：不可也。不学，则人面兽心，无以致知。所谓学者，非占毕之谓，谓居敬穷理也。舜明于庶物，察于人伦，又善与人同，可谓能知达道矣。学而弗懈，则庶乎其可”。② 但另一方面受朱舜水博采朱子学和阳明学的实用主义学风的启发，安东省庵又认为朱陆两派在尊崇孔孟、排斥佛老的立场上基本一致，且都主张天理之公而反对人欲之私，朱陆之间对于彼此或“支离”、或“禅寂”的互相攻击，多来自于彼此后学末流党同伐异之弊，其实朱陆之间同大于异，可谓殊途同归，“道一而已”，“朱陆之同异，其说纷纷，终成千古未了之谈。余尝不自揣，为作辩曰：天下之水一，其支分派别不同者，流之然也，其源未尝不一也。圣贤之道亦然，其立教或由本达末，或溯末探本，其所入不同，其所至一也”。③ 安东省庵从一种不含先入为主之偏见的、“至公无我”的客观立场出发，在其代表作之一《初学心法》中广泛采纳宋元明各朝儒者如朱熹、罗钦顺、王阳明、陆九渊等学说观点的精华部分，反映出一种兼容并蓄的实用主义特点。④

二

安东省庵学术思想的哲学基础是“理气合一”论。在朱子学的基本范畴理、气关系问题上，安东省庵主张，“天地之间，理与气而已矣，二之则

① 安东省庵：《学蔀通辨跋》，载《安江省庵集》（影印编 2），柳川市史编集委员会编，2002—2015 年，第 323 页。

② 安东省庵：《省庵先生遗集》（卷 4），载《安东省庵集》（影印编 1），第 446 页。

③ 安东省庵：《朱陆辨》，转引自井上哲次郎：《日本朱子学派之哲学》，富山房 1905 年版，第 156—157 页。

④ 参见菰口治、冈田武彦：《安东省庵，贝原益轩》，明德出版社 1985 年版，第 34—35 页。

不是，一之亦不是。先儒之论，不归于一，岂管窥所及乎？罗整庵曰：理须就气上认取，然认气为理便不是，此处间不容发，最为难言。要在人善观而默识之，只就气认理，与认气为理，两言明有分别，若于此看不透，则多说亦无用。又曰：理只是气之理。当于气转折之处观之。往而来，来而往，是转折处也。夫往而不能不来，来而不能不往，有莫知其所以然而然，若有一物主宰其间而使之然者，此理之所以名。《易》有太极，此之谓也。若于转折处，看得分明，自然头头皆合。此说极明，要须省悟”。[①] 可见安东省庵的理气观主要是受到了中国明代思想家罗钦顺的深刻影响。

罗钦顺（1465—1547 年，号整庵），是明代著名的朱子学家。他“学宗朱子”，从程朱理学“性即理”的立场出发，将陆王心学视为禅学异端，对阳明学的“心即理”“致良知”之说进行了批判。罗钦顺主张气本论，“盖通天地，亘古今，无非一气而已。气本一也，而一动一静，一往一来，一阖一辟，一升一降，循环无已，积微而著，由著复微，为四时之温凉寒暑，为万物之生长收藏，为期民之日用彝伦，为人事之成败得失”。[②] 在“理”与气的关系上，罗钦顺主张气是“理”赖以存在的前提，“窃尝以为气之聚便是聚之理，气之散便是散之理，唯其有聚有散，是乃所谓理也。推之造化之消长，事物之始终，莫不皆然”。[③] 而“理”是气化运行所呈现出的规律，“理只是气之理。当于气之转折处理之。往而来，来而往，便是转折处也。夫往而不能不来，来而不能不往，有莫知其所以然而然，若有一物主宰乎其间而使之然者，此理之所以名也”。[④] 罗钦顺强调“理”的这种“主宰”作用，并不是说“理”是气之外的另一存在，即“初非别有一物”；相反“理”只能“依于气而立，附于气以行”。[⑤] 也就是说“理”只是气的属性，而非气外的实在本体。

---

① 安东省庵：《耻斋漫录》，载《安东省庵集》（影印编 1），第 550—551 页。
② 罗饮顺：《困知记》，中华书局 1990 年版，第 5—6 页。
③ 罗饮顺：《困知记》，中华书局 1990 年版，第 49 页。
④ 罗饮顺：《困知记》，中华书局 1990 年版，第 89 页。
⑤ 罗饮顺：《困知记》，中华书局 1990 年版，第 6 页。

罗钦顺对“理一分殊”的理解也证明了他的这个观点，“窃以性命之妙，无出理一分殊四字。……盖人物之生，受气之初，其理唯一；成形之后，其分则殊。其分之殊，莫非自然之理，其理之一，常在分殊之中，此所以为性命之妙也”。①

罗钦顺认为程朱都有一种理气二本论的倾向，“朱子终身认理气为二物”。② 对于程颐的“所以阴阳者道”，罗钦顺也认为“窃详所以二字……未免微有二物之嫌”。③ 但另一方面朱熹所谓“理一分殊”是指从“理”衍生出世界万物，所谓“理一”，是说世界根源于“理”，故“理”是宇宙的最终本体，所以程朱理学的理先气后论又具有一种“理本论”的倾向。而罗钦顺在继承张载气本论的基础上，对这种“理本论”进行了修正，将“理”阐述为事物的客观规律。④ 所以罗钦顺推崇程朱的“格物功夫”，“欲见得此理分明，非用程朱格物功夫不可。……所贵乎格物者，正要见得天人物我原是一理，故能尽其性，则能尽人之性，尽物之性”。⑤

罗钦顺在其代表作《困知记》中提出的“理气为一物”“理只是气之理”⑥ 的“理气合一论”在近世日本和朝鲜产生了很大影响。安东省庵非常赞同罗钦顺的学说，并从理随气而有的“理气合一论”立场解读朱子学的“居敬穷理”，“《诗》云：天生烝民，有物有则，民之秉彝，好是懿德。言有物必有法，是民所秉执之常性也。岂可以心与事判乎内外，遗弃事物，专求诸心乎哉！所以朱子格物之训，居敬穷理之互相发也。世之从事于此者，不知体察诸身心，徒求之于名物、度数、训诂、词章之末，智识愈博而心愈惑，著述愈多而道愈离，迨其流荡忘返，自误误人，归咎于格物穷

① 罗钦顺：《困知记》，中华书局1990年版，第9页。

② 罗钦顺：《困知记》，中华书局1990年版，第38页。

③ 罗钦顺：《困知记》，中华书局1990年版，第6页。

④ 胡发贵：《江右大儒　宋学中坚——试论罗钦顺的学术思想》，载《南昌大学学报》2002年第2期。

⑤ 罗钦顺：《困知记》，中华书局1990年版，第162页。

⑥ 罗钦顺：《困知记》，中华书局1990年版，第89页。

理之学，是岂朱子之训乎！……初学之士，潜心于此，庶乎养根本，立趋向而居敬穷理之一助云尔”。[①]

在知行问题上，安东省庵认为阳明学的“知行合一”说会导致废穷理之学，他把《大学》关于“物有本末，事有始终，知所先后则近道矣”奉为认识事物规律的学术方法，强调：“圣道无穷，然其要在知行二者而已矣。盖人不患于不能行，而患于不能知也。不知，则虽美质善履之人，未免有是非错误善恶混淆。故大学之教以格物为先，天下之事岂有不学而能知之理乎！”[②] 安东省庵遵循程朱“学然后知，知然后行”的学知论，这就为他接受朱子学“格物穷理”学说奠定了基础。

安东省庵虽然主张“理气合一”论，但已接近于把“气”视为本体的“气一元论”，这也是日本近世海西（九州地区）朱子学派的共通特点。[③] 海西朱子学派的另一位主要代表者是与安东省庵同出于朱子学者松永尺五门下的贝原益轩（1630—1714 年）。安东省庵首倡朱子学于筑后，贝原益轩在筑前（也属今福冈县）也走上了与安东省庵相似的学术道路。

贝原益轩青年时排斥佛教，但接受陆王心学；中年后读《学蔀通辨》，认识到王阳明“为禅佛之徒”，改尊朱子学，“由是益信濂、洛、关、闽之正学”。晚年他读《困知记》而接受了罗钦顺的性理论，“罗整庵立理一分殊说，是简要之言，不要分析而发明性字。愚谓性者一而已矣，不可分天地气质之性为二。其理一者，言性之本然其理一也，理之杂糅，其分殊也，人皆可以为尧舜，其分殊者，禀气之生质各殊也”。[④] 贝原益轩也受到罗钦顺“理只是气之理”“理气为一物”思想的影响，著《大疑录》批判朱子学理先气后的二分论是“佛老之遗意”，并阐述了自己的理气合一论，“理与气一而二，二而一，可谓同而异也”，“理是气之理，理气不可分为二物，

① 安东省庵：《初学心法序文》，载《安东省庵集》（影印编 1），第 1—2 页。

② 安东省庵：《省庵先生遗集》（卷 1），载《安东省庵集》（影印编 1），第 396 页。

③ 井上哲次郎：《日本朱子学派之哲学》，富山房 1905 年版，第 158 页。

④ 贝原益轩：《大疑录》，载荒木见悟、井上忠校注：《日本思想大系 34 贝原益轩 · 室鸠巢》，岩波书店 1970 年版，第 390 页。

且无先后，无离合，故愚以为理气决是一物。朱子以理气为二物，是所以吾昏愚迷而未能信服也”。[①] 他认为天地之间都是一气，而气是物质性的，能产生万物；理是气之理，不能离开气而独立存在，须就气上认取；理气不可分，且无先后离合；气不断地运动变化，太极、阴阳、道都不过是气在不同状态下的表现形式。

但是，贝原益轩并未否定普遍客观之理的存在，而且仍尊程朱为“道学正统”。他将朱子学的“格物穷理”解读为“格物致知之功，乃博学广闻之事”，即一种经验合理主义，并进一步把朱子的“穷理”思想与实证主义方法相结合，研究民生日用之实学。他以这种方法为指导编写的巨著《大和本草》18 卷对日本药物学和博物学的发展做出了巨大贡献；他的另一部代表作《筑前国续风土记》，通过实地调查，从化石研究地壳的变迁，并记录了日本丰富的自然现象和关于产业技术的广博知识，可称为日本近代实证科学研究的先驱。

安东省庵的同门还有第五代将军德川纲吉的侍讲儒官木下顺庵(1621—1699 年)，以朱子学者而闻名于世，其门下人才辈出，最著名的当属“木门十哲”，为首就是辅佐德川幕府第六代、第七代将军的幕僚新井白石。

新井白石（1657—1725 年）以在朱熹的“穷理”思想基础上发展起来的实证主义作为他研究自然和社会的方法，探索客观事物的内在规律，促进了日本经验合理主义的发展。他博学多识，精通文学、历史、语言和宗教、伦理学、天文地理等。他编有《东雅》20 卷，是日本语言学的奠基之作；在历史学方面，新井白石著有《古史通》《古史通或问》《读史余论》《藩翰谱》以及今已失传的《史疑》等，力图通过史学研究揭示日本社会的发展规律；在本草学、地理学、军事学等学科方面，新井白石都有较深的

① 贝原益轩：《大疑录》，载荒木见悟、井上忠校注：《日本思想大系 34 贝原益轩・室鸠巢》，岩波书店 1970 年版，第 390 页。

造诣，著有介绍北海道、琉球地理及历史、民俗和社会状况的《虾夷志》《南岛志》等书。新井白石还把他同意大利传教士西多蒂的问答整理成《西洋纪闻》一书，详细记述了世界各国的历史、地理、社会、宗教及自然科学的情况，并提出了殖产兴业的经济政策。这是日本在锁国体制下第一部研究欧洲及世界的著作，被誉为日本西学之祖。

以安东省庵和贝原益轩为代表的日本海西学派把朱子学的“理先气后”转化为“理气合一”论，他们的后学新井白石进一步把朱子学的“穷理”从对先验的“道理”的追究转化为对事物规律的研究，呈现出经验合理主义、朴素唯物主义甚至是功利主义的倾向，成为日本近代实学思想和实证科学的哲学基础。朱子学的“理”“气”范畴成为日本近代引进西方自然科学技术的重要媒介，这可以说是朱子学传到日本后一种与中国不同的发展模式。

三

日本学者阿部吉雄从理气关系上将日本朱子学分为主知博学派（又称主气派或知识主义派，以安东省庵、贝原益轩、木下顺庵、新井白石等人为代表）和体认自得派（又称主理派或精神主义派，以山崎暗斋为代表）。主理派是一种先验合理主义，主气派是一种经验合理主义。但将安东省庵、贝原益轩、新井白石等人的“理气一元论”归之于“主气”派，容易造成与古学派的伊藤仁斋和荻生徂徕等人的“气一元论”相混同，因此这种二分法有些过于简单化。

源了圆将日本江户时代的朱子学分为经验的合理主义和思辨的合理主义两派，后者是以演绎法追究先验的“天理”，前者是以归纳法研究事物的规律。江户时代虽然施行的是锁国政策，但也涌现出一定程度的合理精神，而儒学特别是朱子学就是这种合理精神的源流之一。[①] 安东省庵、贝原益轩、新井白石等人的经验合理主义到了江户时代后期就发展为三浦梅园、山片蟠桃等人经世济民的实学思想，并成为佐久间象山、横井小楠、吉田松阴等幕末志士从事明治维新富国强兵、殖产兴业事业的思想驱动力。[②]

中国儒学中以“经世致用”为宗旨的实学思想是传统思想向近代转化的理论基础。实学思想可以追溯到南宋的“事功学派”，包括以叶适为代表的永嘉学派和以陈亮为代表的永康学派。他们反对理学家空谈“性”“命”，主张经世致用，义利并举。明清之际，从总结明亡教训出发，逐渐出现了反对陆王心学乃至宋明理学中空疏无用学风的趋势。特别是清初颜元与李塨开创颜李学派，实学思想达到高潮，他们主张“实文、实行、实体、实用”，提倡实用性和实践性。他们主张理气不可分，认为天下没有“无理之气”，也没有“无气之理”的理气观和理、气、性、形不二，性、情、才三者统一的人性论。

江户时代初期，日本儒学作为相对于“虚学”佛教的“实学”逐渐获得独立的发展，尤其是倡导“理气合一论”的朱子学者安东省庵和他的同门、后学们重视实用性、实践性和经验性，他们对日本朱子学“格物穷理”“经世致用”思想的发挥为经验科学和实证科学在日本社会的萌芽和发展奠定了基础。

日本政治思想史的著名学者丸山真男在其代表作《日本政治思想史研究》一书中，努力寻找日本思想史自身的近代性根源，试图打破日本的近代化是由西方引起的通说。他的理论前提就是中国历史的停滞性，朱子学的思维特性被作为落后的封建社会的意识形态，而以荻生徂徕、伊藤仁斋为代表的古学派乃至国学对朱子学的批判促使朱子学的思维方法解体，这也被丸山真男视为近代思维在日本的萌芽。

---

① 阿部吉雄：《日本朱子学和朝鲜》，东京大学出版会1965年版，第493页。

② 源了圆：《德川合理思想的系谱》，中央公论社1972年版，第7—12页。

但笔者认为，徂徕学以肯定后天禀赋的“气质不变”说来批判朱子性理学，致力于通过否定人性普遍内在的本来善的“天理”，将现实社会中人的阶级身份加以合理化及固化，与其说这是“近代思想的萌芽”，不如说实际起到的却是作为统治阶级一分子而努力维护封建等级身份制的负面作用。徂徕学实际上是丸山真男为打破日本的近代化是受西方思想影响的产物这一通说而建构的一个神话，徂徕学对朱子学的批判更多是反映了当时中日两国在政治体制和社会结构上的差异，而难以形成对朱子学的有效解构。①

笔者认为，朱子学在日本传播的初期，藤原惺窝（1561—1619 年）、林罗山（1583—1657 年）、山崎暗斋（1618—1682 年）等人以朱子学的“理”这一普遍的道德主义为媒介，与日本本土的神道教相结合，构建了神儒一体论，这是朱子学日本化的一种模式。这一模式既反映了日本文化的自立意识，同时也刺激了排外主义的国学、国家主义的水户学的兴起，甚至为明治维新建立忠孝一体的天皇制集权国家提供了理论依据。而在朱舜水实学思想和罗钦顺“理气为一物”论的影响下，安东省庵等人则把朱子学的“理”从先验的理转化为经验的理，他们主张的“理气合一论”及其同门、后学对朱子学“格物穷理”思想的发挥则是朱子学“日本化”的另一种模式。他们在近世日本传播和普及朱子学的过程中，推动了朱子学从形而上学的道德主义向经验合理主义的转变，成为日本近代引进先进的西方自然科学技术的媒介。

① 源了圆：《近世初期实学思想的研究》，创文社 1980 年版，第 91—104 页。

第五章

伊藤仁斋与朱子学

——以“同民之好恶”论为契机

◇陈晓杰

伊藤仁斋（1627—1705年）在年轻时曾倾倒于朱子学，但之后调转过来猛烈批判朱子学，并以《论语》和《孟子》为基本而奠定了“古学”。伊藤仁斋之学问的中心议题毫无疑问是“仁义”，“仁义”不仅是个人道德修养之问题，“王道即仁义”,[①] 因此仁义直接与政治相关。伊藤仁斋又云：“儒者于王道……盖专门之业。学问以王道为本。”[②] 那么对伊藤仁斋而言，儒学即是仁义之学问，仁义又同时是王道，我们可以得出如下之等式：“儒学之本质 = 仁义 = 王道”。

要考察“王道”具体是指什么，我们就会看到“同民之好恶”的主张反复出现在其著作中。对“仁义礼智”并没有充分自觉的庶民，其日常生

---

① 《童子问》（卷中），第九章，第222页。本章关于伊藤仁斋著作的引用，《论语古义》与《孟子古义》使用《日本名家四书注释全书》（凤出版1974年版，第三册、第九册），《童子问》使用《近世思想家文集》（岩波书店1966年版），《中庸发挥》和《语孟字义》使用木村英一编《伊藤仁斋集》（筑摩书房1970年版），《古学先生文集》依据《近世儒家文集集成古学先生诗文集》（塘鹅社1985年版）。关于伊藤仁斋的著作之版本，正如三宅正彦所指出的，现在经由其儿子伊藤东涯之手而校正的“刊本”，很难说准确反映了伊藤仁斋之思想。因此在20世纪80年代以后，日本的伊藤仁斋研究均主要依据天理图书馆藏“林本”之“稿本”，此已是学界之常识。就本章而言，《古学先生文集》《中庸发挥》《语孟字义》均以“林本”为底本，而《论语古义》《孟子古义》《童子问》则以“刊本”为底本，因此从版本的角度上来说存在缺陷，需要日后与天理图书馆所藏的“林本”进行校对。

② 《童子问》（卷中），第十一章，第223页。

活中的感情或者喜好，大多数中国之儒家也会或多或少承认其价值，但是像伊藤仁斋这样，将孟子的“同民之好恶”思想不仅列为政治原则之一，而且将其置于自己的王道论之核心，则不得不说是很罕见的。伊藤仁斋对于理想之王道的界定很简单，“王道即仁义”[①]。那么很容易看出，伊藤仁斋将“民之好恶”同时放在道德伦理与政治论之核心位置。本章即以伊藤仁斋的“同民之好恶”思想为线索，以宋明儒学政治思想作为比较与参考对象，来探讨伊藤仁斋的王道论特征以及问题所在。

本章接下来的论述结构如下：在第一部分，首先探讨君主与“民之好恶”的问题。因为与地方行政相比，君主采取何种施政纲领，当然具有决定性的意义。在第二部分，分析伊藤仁斋笔下的孔子形象与“同民之好恶”命题之间的张力关系，由此来揭示伊藤仁斋之政治思想的特殊性。

一、“民之好恶”与“俗”

首先来看伊藤仁斋是如何论述“同民之好恶”的，限于篇幅仅举三例为证：

（1）盖宣王之好货好色，乃一己之私，而孟子所谓好货好色，实天地之心也。所谓乐以天下，是也。是故圣人通天下之志，达天下之情，所欲与之聚之，所恶勿施，莫非与民共之也。苟其好恶不在于己，而与百姓同之，则天下之事，无大无小，无往而非王道矣。[②]

（2）不任一己之好恶，而能从天下之好恶，则可以为民之父母矣。[③]

（3）问：“宋孝宗召朱熹。或有要之于路，以正心诚意为上所厌闻，戒以勿言者。晦翁曰：‘吾平生学问，只在正心诚意，岂可回互而欺吾君乎？’

① 《童子问》（卷中），第九章，第 222 页。

② 《孟子古义》，第 31 页。

③ 《孟子古义》，第 34 页。

如何?”曰:“愚谓其说固善。然在学者则可,非所宜告于人君也。如学者,固不可不以此自修。在人君,则当以与民同好恶为本,其徒知正心诚意,而不能与民同好恶,于治道何益。”①

民众喜欢什么,君主就必须喜欢什么,反之亦然,这一点(“同民之好恶”)远远要比朱子学的“内圣”(“正心诚意”)之主张来得重要[资料(3)]。显然,伊藤仁斋之主张是依据《孟子·梁惠王篇》:对于“寡人好货好色”的齐宣王,孟子并没有从正面否定其“人欲”,相反,君主由自己之所欲而可以推知民众也喜欢女色或者财货,那么由此便可以“同民之好恶”,实施仁政。在《孟子》的文脉中女色和财货既是“民之好恶”,也是“王之好恶”,伊藤仁斋在《童子问》中虽然屡次提及“民之好恶”,但对其实际内容也没有深入进行探讨。

但是仔细想想,“民之好恶”究竟是指什么,这并不是不言自明的。在资料(1)中,伊藤仁斋说“达天下之情”,在《语孟字义》的“情”条中,伊藤仁斋说“人常言人情、言情欲,或言天下之同情,皆此意”②,由此可见,“人情”即“好恶”。依据伊藤仁斋对“情”的定义来看,眼睛喜欢看美色之自然欲望,以及父亲希望孩子成为好人的人伦情感,都属于“情”:“目之于色,耳之于声,口之于味,四支之于安逸,是性。目之欲视美色,耳之欲听好音,口之欲食美味,四支之欲得安逸,是情。父子之亲,性也。父必欲其子之善,子必欲其父之寿考,情也。”③ 从资料(2)的“天下之好恶”的说法来看,伊藤仁斋很轻易就把“民”与“天下”进行了置换。就笔者之管见,伊藤仁斋并没有对“民”做出过明确的界定,则从其认为“天下,极广之称,言无处而不然也”④ 来看,很显然他认为个人之感情即是“天下之同情”⑤ 也同时就是“民之好恶”。

---

① 《童子问》(卷中),第十七章,第224—225页。
② 《语孟字义》,第133页。
③ 《语孟字义》,第138页。
④ 《语孟字义》,第258页。
⑤ “好善恶恶,天下之同情也。”《语孟字义》,第138页。

不过，事实上“同民之好恶”的思想并非儒家之专利，如《管子》卷二十曰：“人主之所以令则行、禁则止者，必令于民之所好而禁于民之所恶也。民之情莫不欲生而恶死，莫不欲利而恶害。故上令于生、利人，则令行；禁于杀、害人，则禁止。”此说得到了不同时代儒家乃至为政者的广泛认可：

(A) 臣闻三王臣主俱贤，故合谋相辅，计安天下，莫不本于人情。人情莫不欲寿，三王生而不伤也。人情莫不欲富，三王厚而不困也。人情莫不欲安，三王扶而不危也。人情莫不欲逸，三王节其力而不尽也。①

(B) 臣按：先儒谓爱民之道，不过顺其好恶之心而已，大约民所好者，饱暖安乐，所恶者，饥寒劳苦，使民常得其所好，而不以所恶之事加之。②

(C) 又曰：人主之所以令则行，禁则止者，必令于民之所好而禁于民之所恶也。民之情，莫不欲生而恶死，莫不欲利而恶害。故令于生利，人则令行，禁于杀害，人则禁止。③

要而言之，人必然有生存之愿望，维持庶民之日常生活是为政者理所当然的基本责任。“利”或者财货之欲望是否可以算是“先天”，此尚可存疑，但至少在经验意义上具有一定程度的普遍性，那么民政官也应当在一定程度上满足民众的此方面欲望。

当然，以孟子为代表的心学系儒家非常强调“四端之心”的普遍性，认为人生来就必定有恻隐与是非之心，因此相信即便是目不识丁的庶民也具备儒家所推崇的德性或者道德感情。但这毕竟只是潜在性的“具备”，就

① 《汉书·爰盎晁错传》第十九。
② 丘濬：《大学衍义补》第八十一。
③ 《御制执中成宪》（卷五），雍正六年作。

算像阳明学那样主张“现成良知”，也并非主张人人当下已经是圣人。因此，如果现实世界中存在涵盖面最广的“好恶”，那么一般情况下我们还是可以认为这主要是指“生”“利”。但是，在伊藤仁斋的“人情”论中，身体欲望与道德感情却放在同一平面上（回想一下孟子与告子的“生之谓性”的争论就能看出伊藤仁斋的看法之特殊性）。伊藤仁斋的“民之好恶”论与王道论相结合，这显然是继承了孟子的思想，但是中国的儒家以及为政者，可能更多的是从欲望的层面（“生”“利”）来理解“民之好恶”的普遍性。就程度而言，伊藤仁斋对人之基本欲望的肯定程度似乎要超过正统朱子学很多。

其次来看与人情论密切相关的“俗”论，盖伊藤仁斋曰，“众心之所归，俗之所成也”①，显然也是从人的喜好之普遍性的角度来理解“俗”的。与“人情之至，即道也”相似，伊藤仁斋的“俗即是道”② 或许更有名。而且，与“人情之至”的说法相比③，伊藤仁斋并不用“俗之至”之类的说法来对“俗”加以限定，因而“俗”似乎是被全面肯定的，但是遍检伊藤仁斋著作中散在的“俗”之用例，却会发现未必如此：

(D) 此论世俗悦其名而病其实之弊也。盖廉之为廉，在于可取而取，不可取而不取。④

(E) 居处富足，无所忧苦，乃世俗之所乐，然为士者，当有经营四方之志，而不可专求安逸之乐，苟于此不能弃去，则于义之所当为者，必畏避退缩，不能勇为，岂足以为士大夫耶？⑤

---

① 《论语古义》，第 130 页。

② 《论语古义》，第 130 页。

③ 例如，《论语 · 子路篇》的“吾党有直躬者”章中，对于父亲盗羊之行为，儿子是否应该加以庇护，孔子与叶公曾有讨论。伊藤仁斋对孔子的“父子相隐”之主张解释为“人情之至也。人情之至，即道也”。参见《论语古义》，第 197 页。

④ 《孟子古义》，第 178 页。

⑤ 《论语古义》，第 204 页。

(F) 尚权力而轻道德，世俗之常态，人皆不知其非也。[①]

(G) 夫为师友祝寿，虽和汉旧事，然在今日则所希见（中略）然杯酒之欢，诗歌之兴，乃世俗常事，非所以施于道义之交也。[②]

从上面四处用例来看，“俗”指“世俗”，但并没有得到伊藤仁斋的肯定性评价，此其一。其二，伊藤仁斋所批评的“世俗”或者“俗”所指极其宽泛：与“实”相比而好“名”（D），追求富贵与安逸（E），不追求道德而喜好权力（F），与道义相比更喜欢酒和风雅（G）——上述“世俗”或者说一般世人之喜好都与儒家所重视的道德伦理相悖，而且超出了伊藤仁斋对“情”的界定，即“身体欲望＋道德伦理”的范围。

为什么说超出了“情”的范围？“俗”字之原意，根据汉代许慎的《说文解字》，“俗，习也”，又如《周礼·大司徒》的“十二教”有“六曰以俗教安”的说法，郑玄注云，“俗谓土地所生习也”。[③] 从语言学的角度来看，“俗”字是语尾音相同、即“叠韵”之字，可解释为同样以“谷”为音符的“欲”字，故刘熙《释名》中曰，“俗者欲也，人之所欲”。[④] 因此，“俗”字可以归纳为：（1）人之欲望，（2）各个时代、地区之习俗。在伊藤仁斋看来，“人情”具有超越时空之普遍性，而由先天之人情与“习”而成的“俗”则未必如此，这一点可以从下面这段资料中得到确认：

问：“国家承平日久，人皆安肆，互以奢侈相尚，及其久也，习以成风，人不知其为奢靡，今遽欲以节俭治之，则恐人之难遽从。如何?”曰：“君子之德，风也。小人之德，草也。草尚之风，必偃。”[⑤]

---

① 《论语古义》，第 205 页。

② 《古学先生诗文集》（卷四）“诸友为余贺七帙宴集讲义”，第 91 页，70 岁所作。

③ 孙诒让：《周礼正义》，中华书局 1987 年版，第 705 页。

④ 吉川幸次郎：《俗的历史》，载《吉川幸次郎全集》（卷二），筑摩书房 1968 年版，第 237—238 页。

⑤ 《童子问》（卷中），第二十五章，第 227 页。

伊藤仁斋身处的元禄时期正值江户时代之中期，社会安康和平，人们因为长期之安逸，喜好互相攀比与奢侈，时间长了就渐渐变成“风”。人身处这样的环境下，习以为常，就会连奢侈之恶也茫然不知。

在对“俗”进行了初步之分析后，我们不禁要问：“俗”与“民之好恶”究竟是什么关系？尽管“俗”是“众心之所归”，但在伊藤仁斋的著作中，两者却没有同时出现过。不过，对“鬼神”之问题，伊藤仁斋有如下之论述可提供思考的线索：

> 盖三代圣王之治天下也，好民之所好，信民之所信，以天下之心为心，而未尝以聪明先于天下。故民崇鬼神则崇之，民信卜筮则信之。惟取其直道而行焉已。故其卒也，又不能无弊。①

古代之圣王尧舜通过“同民之好恶”来治理天下，故民众崇信鬼神，则尧舜亦崇信之，民相信卜筮，则尧舜亦信之。但是，民众崇信鬼神之感情不可能是生来即有的生理欲望，也并非道德感情。从这一点上来看，如果“民之好恶”中包括对鬼神之喜好与崇信，这就与伊藤仁斋的人情论（目欲美色之自然欲望 + 父亲希望孩子成为好人的道德感情）并不完全一致，“民之好恶”显然包括了后天的历史要素。故此，伊藤仁斋所说的“民之好恶”的同义词不是“人情”，而应当是“俗”。

如前所述，伊藤仁斋对于人情也好，包含后天之习俗的“俗”也好，都并没有给予无条件的肯定，但即便如此，伊藤仁斋还是强调“人情”或者“俗”是人类社会之根本。例如，《论语·子罕篇》中，孔子曰：“麻冕，礼也，今也纯，俭，吾从众。拜下，礼也，今拜乎上，泰也，虽违众，吾从下。”朱熹在《四书章句集注》中引用了程颐的话：“君子处世，事之

---

① 《语孟字义》，第193页。

无害于义者，从俗可也，害于义，则不可从也。”[①] 此解释在《论语》注释史上得到广泛的承认。但是，伊藤仁斋却并不买账：

> 先儒曰：“事之无害于义者，从俗可也。”可谓谬矣。夫事苟无害于义，则俗即是道，外俗更无所谓道者。故曰：“君子之道，造端于夫妇。”故尧舜授禅，从众心也。汤武放伐，顺众心也。众心归，俗之所成也，故惟见其合于义与否，可矣。何必外俗而求道哉。[②]

伊藤仁斋的说法有些令人费解。对“俗”并非无条件地认可，而以“合于义”为判断标准，这样的话和程颐的主张又有什么不同？区别就在于：仁斋是以“人情”“俗”为一切之基础，而程颐与朱熹是以“天理”或者“义”为根本的判断基准，对于朱熹等理学家来说，“俗”或者“人情”理应与“理”“义”一致，但现实中如果“害于义”，则不会得到承认。因此伊藤仁斋与程颐、朱熹在对“俗”与“义”之间的关系的理解上还是有很大差别的。

二、孔子与“民之好恶”

极力反对朱子学而强调“同民之好恶”的伊藤仁斋，对于“民之好恶”（“先天”之人情＋后天之习俗）并没有给予全面的肯定，这一点从前面引用过的鬼神崇信之评论看出端倪：

> （4）盖三代圣王之治天下也，好民之所好，信民之所信，以天下

① 朱熹：《四书章句集注》，中华书局1983年版，第109页。
② 《论语古义》，第130页。

之心为心，而未尝以聪明先于天下。故民崇鬼神则崇之，民信卜筮则信之。唯取其直道而行焉已。故其卒也，又不能无弊。及至于夫子，则专以教法为主，而明其道，晓其义，使民不惑于所从也。（中略）然祭如在，祭神如神在。乡人傩，朝服而立于阼阶，则又观其于所当敬，则未尝不尽敬。①

（5）夫鬼神之事，自诗书所载以来，古之圣贤，皆畏敬奉承之不暇，岂敢有所间然哉。独至于吾夫子，其言之若如此者，盖以溺于鬼神，则非人道之所宜，而其说易惑人故也。②

在伊藤仁斋看来，孟子的“孔子贤于尧舜远矣”之说是一大公案，只有他自己才再次发现了此公案之奥秘而非常得意。③ 在知道孔子凌驾于尧舜之上的东西是什么之后，我们才能明白孔子之伟大。这正如黑住真所说，“孔子是在地平线之洞察之上，‘选择’‘开示’了某种东西。这并不只是与某物的连接，而是从‘出于上’之高度而成立的主体之自觉”④。身为天子的尧舜，对自己的德行却没有充分的自觉。因此尧舜专以“好民之所好，信民之所信”，不管民众崇信鬼神或者卜筮之行为是否正确，都同样崇信鬼神，在尧舜去世之后，弊端也逐渐显现出来。而在伊藤仁斋看来，沉溺于鬼神与卜筮，将使人们忽视日常世界之运转、亦即“人道”，所以孔子为了告诉庶民人伦道德之重要性，在承认鬼神之存在的同时，采取了保持距离的立场。

但是，即便伊藤仁斋将孔子喻为“太阳”“白日”，甚至说“仲尼即天地”⑤，“贤于尧舜远矣”的孔子终究没有成为王者。孔子在世时的影响力，也主要在于对门人的教育，以及经书之编纂工作。若如伊藤仁斋所说，孔

---

① 《语孟字义》，第 193—194 页。
② 《中庸发挥》，第 283 页。
③ 《童子问》（卷下），第五十章，第 257—258 页。
④ 《近代日本的儒教》，塘鹅社 2003 年版，第 241 页。
⑤ 《童子问》（卷下），第五十章，第 258 页。

子确实是基于“主体之自觉”，意识到“溺于鬼神，则非人道之所宜”，并将自己之觉察告知民众的话，那么在日常生活中遇到不合于“义”的情况，例如资料（4）伊藤仁斋说“然祭如在，祭神如神在。乡人傩，朝服而立于阼阶，则又观其于所当敬，则未尝不尽敬”，孔子却并未明确指责风俗之过错，这又应当如何理解呢？

(6) 祭神，祭外神也（中略）若于外神之祭，或崇其德，或报其功，皆尽吾不得已之至情而已尔，岂问其享与不享。①

(7) 或曰：“圣人不言祥瑞，此言凤鸟河图者，何也？”曰：“此非说祥瑞也。假凤鸟河图，以叹时无明主也。盖圣人与人而不以立异，同世而不敢骇听。凡事之无大得失者，皆从旧套，而不敢为纷纷之说，以汩人之听闻。凤鸟河图，古来相传，以为圣王御世之端，故夫子假之，以寓其叹焉耳。”②

资料（6）是对孔子的“祭神如神在”③ 的解释，“神”释为“外神”（自己的祖先以外的神）显然是依据孔安国之古注。天地山川宗庙与人格神均属于“鬼神”，他们是超越人类之认识而无法把握的存在，庶民都是在风俗之引导下（崇信此神则能得富贵平安等）坚信鬼神之功德而膜拜之，故曰“皆尽吾不得已之至情”。

资料（7）涉及的是《论语·子罕篇》的“凤鸟不至，河不出图，吾已矣夫”。因为圣王出现之祥瑞的“凤凰”“河图”久久不出现，孔子为自己可能已经没有被明主重用之机会而感慨不已。对于否定“灾异说”和汉儒天人感应论的伊藤仁斋来说，孔子没有理由相信“祥瑞”。但是为了避免自我标榜与标新立异，而借此俗说，希望向世人传达自己的悲伤之情。

---

① 《论语古义》，第 37 页。
② 《论语古义》，第 134 页。
③ 《论语·八佾篇》。

上述两例都是伊藤仁斋所厌恶的“鬼神灾异”之话题。孔子（至少在表面上）从于“不正”之俗，这和伊藤仁斋对孔子的远于鬼神之理解显然有很大的距离。为了消解此矛盾，伊藤仁斋在资料（7）中给出了一种解释：即便是“不正”之风俗习惯，只要不是对“义”有太大的伤害，那就没有必要特地去批判“俗”。

伊藤仁斋认为，由孔子之出现，人伦世界之秩序才得到真正的确立。但是，孔子与其说是人人都会仰慕的“太阳”，毋宁说“与人而不以立异”，这样看似缺乏“主体性”的存在感才更显示出孔子之特质。孔子在人类历史上或许是最早掌握真理的伟大人物，但他毕竟不是王者，因而将自己的学问与思想传授给弟子，给后世的人伦世界带来了无限的希望。但是，即便如此解释也依然存在问题：如果孔子在日常生活中选择不与世俗相悖，那么为什么在传为孔子所作的《春秋》经文中，“不合于义”的灾异、卜筮之记录却随处可见呢？伊藤仁斋解释道：“圣人存史家旧法，亦垂教之一端也。”孔子以鲁史之旧法作为教化之手段，因此在这里孔子也选择了“从俗”。“盖圣人不枉道以徇人，亦不违俗以为高，乃中庸之至极、万世之法则也。”[①] 在“害道”之情况下，圣人不会无条件跟从“民之好恶”，但也不会为了标榜自己而与世俗价值观格格不入，这才是“中庸之至极”。但是，伊藤仁斋所描绘的孔子，在更多的情况下选择的不是指出世俗之“不正”，而是由于种种之理由而权且从俗。与其说“不枉道以徇人”，不如说“不违俗以为高”才是重点所在。

当然，这与伊藤仁斋的反朱子学立场不无关系。伊藤仁斋所理解的朱子学者都自以为掌握真理，对于无自觉之庶民的与“理”不合之处无法容忍，会将自以为正确的价值观与道德单方面强加到对方头上，那么与之相反的孔子，自然应当是慈爱宽容、不“以理杀人”的形象了。

不仅如此，我们阅读伊藤仁斋的著作以及后人对他的描绘，就会发现

① 《论语古义》，第220页。

伊藤仁斋本人的自我定位以及评价也与其所描绘的孔子形象相一致。在长男伊藤东涯为父亲撰写的《行状》中，伊藤仁斋之人品是被这样描绘的：

> 性资宽厚和缓，人不见其疾言遽色，不设城府，不修边幅，未尝为古怪迂僻矫激之行，以取骇异，人无少长，接之以诚，无厌怠之色，及其大义所关，虽诱之以万钟而不可夺也。①

"未尝为古怪迂僻矫激之行，以取骇异……及其大义所关，虽诱之以万钟而不可夺也"的描述，正与伊藤仁斋所描绘的"不枉道以徇人、亦不违俗以为高"的孔子形象相一致。徂徕学派的代表人物太宰春台在被问及伊藤仁斋之人品时说道，"观其貌恭，听其言从，君子之人"（《近世丛语》）。《先哲丛谈》中也有记录：仁斋不喜欢世儒之异样，不与世俗相违，在节分之夜，身着礼服，大声撒豆，虽然身为排击佛教之儒者，却必定会向本尊礼拜。《先哲丛谈》之作者原念斋对此评论道，"其好不为崖异如此"。② 确实是这样。伊藤仁斋与朱熹一样，都以佛教、道教为虚无寂灭之学，习之则会远离人道。他在49岁所作《同志会笔记中》中不无自豪地说："予于学问，别无所长，唯于儒释之分，则辨其似是之非。"③ 但事实上，伊藤仁斋本来出身于富裕的町人之家庭，父母都是忠实的佛教徒④，而伊藤仁斋并没有打算说服家族放弃佛教信仰。伊藤仁斋的日记中也留下了他自己参加各种年中行事的记载，可见伊藤仁斋对掺杂了神道、佛教、阴阳道等诸多要素的民俗并不排斥。

此外，伊藤仁斋还与佛教徒有交际应酬，如他在59岁所作的《送

---

① 伊藤东涯：《卷首先府君古学先生行状》，载《古学先生诗文集》，第12页。

② 《近世从语》和《先哲从谈》的上述资料均转引自石田一良：《伊藤仁斋》，吉川弘文馆1960年版，第148—149页。

③ 《古学先生诗文集》（卷六），第114页。

④ 伊藤仁斋的父亲生前"剃发号了室"（《了室墓记》），母亲也"既老，号寿玄"（《里村氏墓记》），对此可参看三宅正彦：《京都町众伊藤仁斋的思想形成》，同朋舍1987年版，第87—93页。

浮屠道香师序》中写道：

> 夫自学者见之，固有儒有佛，自天地见之，本无儒无佛，唯其一道而已（中略）天地之间，必有父子，有君臣，有夫妇，有昆弟，有朋友之交（中略）虽佛不能离于今日之天地而独立焉，则可知离于今日之天地，而无所谓道者也。师之道，吾之道，岂有二焉乎哉（中略）吾闻佛之教以贪嗔痴三者为其大戒，虽儒者犯此三戒焉，则吾不见其为君子，况于名为佛之徒者乎。[①]

伊藤仁斋首先点明父子君臣等五伦乃万世普遍之真理，此后他说到佛教的三戒（贪、嗔、痴），即便是儒者，如果违背上述戒律，当然也没有做君子之资格，因而佛教之主张也有其普遍性与正当性。文章通篇之论调很明显与明代中期以后盛行的“三教一致论”相似，而与痛骂佛教的伊藤仁斋之立场显然存在着鲜明的反差。“不违俗以为高”的向度强于“不枉道以徇人”的本文之论点，在伊藤仁斋本人身上再次得到了验证。

结论

以上，本章以“同民之好恶”为关键词，探讨了伊藤仁斋的王道论之主张以及相关思想。伊藤仁斋依据孟子之主张，以“同民之好恶”作为王道论之基本原则。但是，“民之好恶”的说法本来就存在多义性与暧昧性，伊藤仁斋对其理解也存在模糊之处，因此本章首先从伊藤仁斋的著作出发，归纳出他的“民之好恶”论的三个主要特征：

（1）同时认同人之自然欲望与道德感情。对“人情”以普遍性与同质

---

① 《古学先生诗文集》（卷一），第22页。

性为前（“天下之同情”）。

（2）对于时代、地方之风俗的偶然性要素也考虑在内。

（3）依据儒家之道德标准，“民之好恶”或者“俗”未必都合于义理，但即便如此，仍然坚持主张“俗即是道”“人情即是道”，以人情、民之好恶为社会之根基。

与之相比，宋代以后的中国儒学对“民之好恶”的看法与先秦时期并没有太大区别：

（1）庶民之道德感情一般是不完全状态，“民之好恶”主要是指庶民的生存意欲以及相关（“利”等）。

（2）与伊藤仁斋相同。

（3）“民之好恶”，特别是百姓的生存意欲是社会能正常运转的基本条件，应该尽可能满足之，但与此同时还存在着很多“害于义”的不正之欲望，因此不可能以“民之好恶”作为社会之根基或者王道论之主干。

上述“民之好恶”论的实践主体，依照孟子之文本来看应当是君主，但儒家之始祖孔子却只官至鲁司寇，并未真正成为君主。伊藤仁斋盛赞孔子“贤于尧舜远矣”，其根据之一是孔子对“鬼神”之态度：上古时期民众崇拜鬼神与卜筮，尧舜也依从“民之好恶”而崇拜鬼神，尧舜去世之后弊端便逐渐显现，而孔子意识到鬼神之危害（“远人事”），所以教导民众从于义理而远于鬼神。这个经常被伊藤仁斋称之为“太阳”一般光辉之存在的孔子，在日常生活中遇到不正之“俗”时，却经常表现出“从俗”之姿态，甚至主动运用“俗”之思想（例如“凤鸟河图”）来表达自己的感情。这毋宁说是缺乏主体性存在的孔子形象。伊藤仁斋所描绘的孔子与世俗之关系，实际上与伊藤仁斋自身与世俗之关系存在着很大的重合。例如，对于渗透到日本社会根基的佛教，伊藤仁斋在著作中与朱熹等道学家一样都对之口诛笔伐，但在现实生活中却与缺乏自觉的庶民一样参加相关仪式并礼拜本尊。由此可见伊藤仁斋对自身的定位完全符合他对孔子的赞语（“不违俗以为高”）。不难看出，在伊藤仁斋的上述“同民之好恶”思想中，存在着某种理论与实践层面之间的紧张感。

但是，本来“民之好恶”或者“俗”之内涵非常不确定，在儒家看来很容易受到统治者之喜好与道德品行的影响。现实世界中的不正之民风由外在之偶然性要素所造成，那么也同样能导向正确之方向，此即“化民成俗”。特别在宋代以后，通过科举考试正式登上政治舞台的士大夫阶层，在作为“民之父母”的地方官而奔赴各地之时，“化民成俗”之主张成为他们的基本政治理念之一，此殆无疑义。从理论上说，“化民成俗”可以追溯到孔子的“风教论”，伊藤仁斋对此当然也不会反对，但其对“化民成俗”之理解却与中国有很大不同。

第六章

荻生徂徕与朱子学

——以中国思想为媒介

◇王　青

一、荻生徂徕与徂徕学

荻生徂徕（1666—1728 年）是日本江户时代（1603—1867 年）中期的儒学家。本姓物部，名双松，字茂卿，号徂徕（据称典出于中国山东省泰安县东南有徂徕山），他创办的学塾号称萱园。作为中华文化的崇拜者，荻生徂徕因模仿中国风习，自称物茂卿，甚至在孔子画像赞上自己署名为“日本夷人物茂卿”，引起周围人对他贬低日本、崇拜中华的攻击。当时在江户市井中还流传着这样的笑话，说他为了能够离他所心仪的中华更近一点，不惜在江户城中屡次搬家。荻生徂徕生于日本江户，父亲荻生方庵是当时的四代将军德川家纲（1641—1680 年，在位期间 1651—1680 年）的弟弟即后来的五代将军德川纲吉（1646—1709 年，在位期间 1680—1709 年）的侍医。因为当时医生往往兼通儒学，所以他自幼受到父亲的汉文启蒙教育。

荻生徂徕 14 岁的时候，父亲荻生方庵蒙受谗言，被流放到上总国长柄郡二宫庄本能村（位于今天日本的千叶县）。这是一个靠近海边的偏僻荒村，荻生徂徕自述在这里整日与渔夫樵民为伴，既无书籍以自娱，也无亲友可欢谈，他只有反复阅读随身带来的当时的儒学家们撰写的《大学谚解》和《四书标注》之类。荻生徂徕在孤独贫寒中度过了他的青少年时期，直到元禄五年（1692 年）他父亲才得到平反昭雪，全家重新回到了江户。这段人生经历对荻生徂徕学问体系的形成具有决定性的重要意义。他接触到了书本上所没有的现实，对在年贡的沉重负担下过着饥寒交迫的贫困生活的农民有着直接的观察，并且非常同情他们。他认识到道德的说教并不能使农民的处境有所改善，社会、经济的问题只能从政治上寻求解决的办法。

返回江户以后，荻生徂徕又从一个旁观者的角度对处在商品经济的繁华浪潮当中的江户做出了冷静的观察和思考，并将自己的认识过程总结为知识只有通过亲身体验才能真正获得，思考的主体必须与思考的对象同一化才能接近对象的本质这一学问方法，荻生徂徕甚至庆幸自己有这样一个在磨难中自我成长的机会。

荻生徂徕在父亲被赦免、全家回到江户以后，为了谋生，在江户城中芝街的增上寺旁开了一家私塾，讲授儒学。当时的日本社会教授儒书都是采用“讲释”的形式，也就是按照日语的“训读”来解释中国的儒学经典的字义，再施以冗长的道德说教。由于内容枯燥，学生厌倦，为了保住生源和收入，塾师们不得不夹杂一些通俗的玩笑和形象的比喻，这被当时的青年学者荻生徂徕认为简直是对中国古典的歪曲和冒渎。他主张应该“唐音直读”，也就是像中国人一样按照中国语的发音和语顺来读中国的古典，如果不能，至少应该首先以通俗易懂的日本口语加以翻译。因为他认为对于日本来说，中国的古典固然是难解的，但是中国古典中所叙述的人情世故与今日的日本是一脉相通的。从这个意义上来讲，古代中国语与当代日本语也应该是相通的，而颠倒迂回的“训读”法破坏了语境的完整，派生出误解和歪曲，反不如通俗易懂的当代日本语更能抓住古典的本质。荻生徂徕把中国语作为外国语，尤其作为听觉语言而学习，这在当时是一种革新的主张。

荻生徂徕组织了中国语讲习会“译社”，以唐通事——长崎的汉语翻译冈岛冠山为师，学习汉语，每月活动一次，与同好者切磋中国语的发音和语法。在徂徕门人吉田有邻记录的荻生徂徕在萱园私塾的授课讲义《译文筌蹄》（1715年刊行）的“题言”第五则中，记录荻生徂徕的汉语学习方法为：

> 先为崎阳[①]之学，教以俗语，诵以华音，译以此方俚语，绝不作和训回环之读。始以零细者，二字三字为句，后使读成书者。崎阳之学既成，乃始得为中华人。而后稍稍读经史子集四部书，势如破竹，是最上乘也。[②]

不久荻生徂徕独创性的教学方法引起了世人的注目，他的博学和汉语能力在当时首屈一指，31岁（1696年）时就作为儒者被将军德川纲吉的宠臣、权倾一时的老中柳泽吉保（1658—1714年）招为顾问。直到1709年德川纲吉去世，柳泽吉保隐退，荻生徂徕一直是柳泽藩邸颇受重用的秘书，俸禄最后达到五百石，荻生徂徕对于柳泽吉保和德川纲吉终生怀有知遇之恩。

由于德川纲吉和柳泽吉保都喜好汉学，荻生徂徕在此期间得以多次觐见德川纲吉，并为之讲解儒书。根据记载了德川氏第一代到第十代将军历史的《德川实纪》，荻生徂徕自元禄十年（1699年）以来经常受命与其他儒臣一起讨论儒学。将军德川纲吉甚至还经常亲自为老中、若年寄讲释《大学》《中庸》《周易》等，这种将军亲自主持的“学术讲座”一般持续几个月，有时达到一个月五六次的频度。不过德川纲吉每次讲释儒书之后总是例行“能乐”等歌舞表演，说明他不过是把儒学当作一种时尚来赏玩，这也限制了荻生徂徕的学术研究，使荻生徂徕对于他文字秘书的职务时常

---

① 崎阳：指长崎。江户时代长崎是日本唯一与中国清朝和荷兰进行贸易的港口。翻译兼商务官员称为通事，职位世袭。其中唐通事有70余家，他们中的不少人是归化日本的中国人。

② 《荻生徂徕全集》(2)“言语篇”，第9页。

感到无聊和屈辱，他甚至把“讲释”儒书称为“陋习”。

将军德川纲吉的兴趣爱好除了儒学以外还有唐话——中国语，据《德川实纪》元禄十六年（1703 年）二月十三日条记载，德川纲吉驾临柳泽吉保宅邸，使家臣们“或用唐音讲《大学》，或以唐音问答”。荻生徂徕门人吉田有邻在《译文筌蹄》“题言”第一则中描述元禄年间文运隆盛时期的社会风气说：“宪庙（指将军德川纲吉，因他谥号为常宪院）好学，海内响风，阛阓诸书，讲帷如云。世仁之期，今也将及。而求能读海舶来无和训者，寥寥乎几无焉，则亦在精志否耳。”①

宝永六年（1709 年），德川纲吉死去，柳泽吉保随之隐退，荻生徂徕也搬出了柳泽家藩邸，定居于江户城中，开设私塾萱园，以教学研究为业。虽然他不再是柳泽家臣，但终生享受柳泽家的俸禄。

当时由于明末的战乱和清朝的入关，大批中国的读书人来到日本避难，也带来了大量的中国宋代以后程朱理学的书籍。朱子学本来在 13 世纪初就已经传入了日本，但一直处于依附于佛教的地位。德川家康开创江户幕府以后，任命朱子学者林罗山掌管幕府文教，让林家世袭大学头的官职，朱子学逐步地摆脱佛教，成为独立的思想体系。

林罗山（1583—1657 年）遵从宋儒对古典的重新解释，《四书》采用朱子注，《五经》的《易》采用程朱注，《书》用朱子门人蔡沈注，《诗》用朱子注，《礼记》用元陈皓注，《春秋》用宋胡安国的注解，并把朱子编纂的《小学》《近思录》作为辅助读本，在诗文学方面也是以宋为宗。

就像当时绝大多数学者一样，荻生徂徕在中年以前也是以程朱之学为宗。但是当时京都町人②学者伊藤仁斋（1627—1705 年）著《童子问》《语孟字义》等书，开创古义学派，针对朱子学维护封建等级秩序的保守主义，提出了“四端之心”“扩充说”等学说主张。伊藤仁斋主张“道”是“人

① 《荻生徂徕全集》(2)“言语篇”，日本美铃书房 1974 年版，第 9 页。

② 町人：住在城市的工商业者，身份固定，并且世袭，许多町人充当幕府和各藩的御用商人而致富，并依靠其经济力量成为近世城市文化的主要创造者。

伦日用之道”，不是高远深奥的“理”，并主张人是“活物”，理是“死物之条理”，针对程朱“理学”提出了“一元气”学说，等于喊出了“道德面前，人人平等”的口号，这对于作为江户时代封建身份制度代言人的日本朱子学产生了极大的冲击。

伊藤仁斋学说的大胆和新颖使他名闻天下，荻生徂徕通过伊藤仁斋的弟子渡边子固而景仰伊藤仁斋，“呜呼茫茫海内，豪杰几何！一亡当于心，而独向于先生，否则求诸古人中已”[①]。并于1704年送去书简请教，称自己“始不佞少在南总，则已聆洛[②]下诸先生亡逾先生者也，心诚向焉。后值赦东归，则会一友生新自洛来，语先生长者状，娓娓弗置也，而益慕焉。殆见先生《大学定本》《语孟字义》二书，则击节而兴，以谓先生真逾时流万万”[③]。然而伊藤仁斋老病交加，一直没有回信，使荻生徂徕空等一年有余。

不料伊藤仁斋死后，刊行的《古学先生碣铭行状》却公开了此信，使荻生徂徕自尊心大受损伤，从此愤而对伊藤仁斋展开了人身攻击，说伊藤仁斋的宋学批判是出于自立门户的目的，其实未能准确有效地指出程朱理学之弊，“以予观之，仁斋所见，终不殊程朱，其所争唯在言语耳”[④]。他为与伊藤仁斋《童子问》对抗而作《辨道》，为对抗伊藤仁斋的《语孟字义》而作《辨名》，为对抗伊藤仁斋的《论语古义》而作《论语征》，为对抗伊藤仁斋的《大学定本》《中庸发挥》而作《学庸解》。伊藤仁斋批判宋儒，独尊思孟，荻生徂徕便连思孟一起攻击，务求处处压倒伊藤仁斋。

将荻生徂徕从一个朱子学追随者转变为批判者的还有他与中国明代文学家李攀龙、王世贞的文学理论的邂逅。明代16世纪后半叶的文坛后七子李攀龙、王世贞等人为矫正当时的文坛弊风，提出了“文则秦汉，诗则汉魏盛唐”“不读宋以后之书”等口号，将自己的文学主张命名为“古文辞学”。古文辞

---

① 《徂徕集·与伊藤仁斋》，岩波书店《日本思想大系36荻生徂徕》，第525页。

② 洛：模仿中国风习把京都称为洛阳。

③ 《徂徕集·与伊藤仁斋》，岩波书店《日本思想大系36荻生徂徕》，第525页。

④ 《萱园随笔》（卷一）。

学本来开始于16世纪前半叶以李梦阳、何景明为中心的前七子，李、王等后七子又在文学实践上进一步发展了这一学派，尽管后人嘲讽他们矫枉过正的古典主义是“矫揉造作”，但还是获得了文人和市民的广泛支持，风靡一时。

宋代的文体以议论为主，而李王的文体是简约的叙事文，因为多用典故而难解，甚至成句地套用《史记》《战国策》《左传》等古典中的名句。这种把古典为我所用、以自己的体验来重新填充古典的做法虽然遭到时人“假古董”的讽刺，却使荻生徂徕如获至宝，他从中琢磨出排斥翻译或注释、直接融入古典当中，也就是通过复古来沟通古与今这一学问方法。

荻生徂徕50岁时，德川吉宗（1684—1751年，在位期间1716—1745年）成为幕府八代将军。荻生徂徕曾受德川吉宗之命翻译《六论衍义》，并接受德川吉宗询问，写成政论《政谈》《太平策》进上，阐述自己的政治理论和对时局的看法。

进入晚年的荻生徂徕经受了丧女之痛和肺病之苦，同时也深化着自己的思索，并最终完成了独树一帜的思想学说。代表著作有《辨道》《辨名》《论语征》《大学解》《中庸解》《文集》《太平策》《政谈》等，作于中年以前的有《译文筌蹄》《萱园随笔》，此外还有诸如《读荀子》《读韩非子》等大量著作，内容涉及儒学经典、中国古典文学、中国法律、音乐、音韵训诂、典章制度等，可谓学识渊博，著作等身。

在当时的日本社会，徂徕学成为一种社会时尚，据说“徂徕之说享保中年以后，信云风靡一世，然至于京都而盛有，徂徕没后，自元文初年，延享宽文之比，十二三年之间为甚，世人喜习其说信可谓如狂”。[①]

荻生徂徕为人恃才傲物，据说他自称平生最大的爱好是嚼着炒豆子，诋毁天下人物。同时他又爱才如命，他的学塾以宽松自由为风气，以至于世人把“萱园末流”当作饮酒放荡之徒的代名词。大阪儒者中井竹山在《非征》中就把徂徕学的流行视为社会风气败坏的征兆，“见益殊绝，而说

① 那波鲁堂：《学问源流》，第24页。

益新奇。饰以礼乐空言，鼓以词章末技，而尽废进修之实，令人人易溺而难悔，于是乎轻佻浮薄之徒，奔走喘汗，改辙归之”[①]。

不管如何评价，荻生徂徕晚年成为名闻天下的硕儒，门人济济，对后人产生了很大影响。可以说，在18—19世纪的日本思想界，徂徕学是一个大的转折点，他以后的思想界不管程度如何都受到过徂徕学的影响，这种情形一直延续到明治初期。比如，明治时期的启蒙思想家西周[②]（1829—1897年）就以徂徕学为其思想的出发点，西周说：“乃又得《徂徕集》以读，读未一半，十七年之大梦，一旦而觉醒……于是乎始知严毅窄迫之不如平易宽大，空理无益于日用，而礼乐之可贵，人欲不可净尽，气质不可变化……”[③]

徂徕学还被介绍到中国，并受到中国学者的重视。清嘉庆十四年（1809年）荻生徂徕的《论语征》《大学解》《中庸解》传入中国，俞樾在《春在堂随笔》中记载自身曾从中摘取“通达可喜者”17条；清吴英之《竹石斋经句说》、狄子奇《论语质疑》、刘宝楠《论语正义》中都引用了《论语征》数条；李慈铭也在《越缦堂日记》中评论《论语征》为“关系实学”，并评论《萱园随笔》为“其言颇平实近理”“皆有特识”“此段议论颇为正大”等。其《辨道》《辨名》于道光十六年经钱泳编次，附以《自序》与《日本徂徕先生小传》，作为《海外新书》出版，而此书又被日本文人所转载，成为中日文化交流史上的一段佳话。

二、徂徕学以前的日本近世儒学

日本在4世纪应神天皇时有百济学者王仁进贡《论语》和《千字文》，

① 《非征》，岩波书店《日本思想大系47近世后期儒家集》，第46页。

② 西周：日本启蒙思想家。曾留学荷兰，回国后任日本洋学机构开成所教授，翻译《万国公法》，创办明六社，介绍西洋哲学，“哲学”一词的翻译就出自西周，著有《百一新论》《致知启蒙》等。

③ 《西周全集第一卷·叙述对徂徕学的志向》，宗高书记，1960年。

6世纪继体、钦明朝时百济又进贡五经博士，7世纪初日本开始先后向中国派遣遣隋使、遣唐使，系统地学习中国的文物制度，701年设立太学，设置明经、文章、明法、算学、音韵、书法六科，教授内容以中国儒学经典《论语》《大学》《中庸》《易经》《孟子》《尚书》等为主，并模仿唐朝也把孔子加封为文宣王。

平安时代（794—1192年）以后明经博士一职世袭化，经学也成为专有物，儒学以及中国史学、文学被限定在贵族的教养知识范围内。镰仓时代中叶，宋儒之书随着宋日之间的贸易交通传入日本，由于当时来往于宋日之间的主要是禅宗僧侣，所以宋学也多是由镰仓南北朝时期（1192—1392年）的禅僧传播的。他们通过儒学来向武士讲禅之道，主张禅儒一致，虽然起到了普及宋学的作用，但宋学也因此一直是依附于佛教的。

近世武家政权的成立促进了传统的文化学问的变化，德川幕府加强了对宗教的控制，贵族和僧侣势力衰退。封建武士阶级需要一种提倡现实本位、武士本位，严格维持身份制度，对民众具有道德教化作用的御用学说，所以朱子学受到统治者的重视，成为正统思想，儒者林罗山得以掌管德川幕府的文教。

林罗山（1583—1657年）尊崇朱子，批判反现实的佛教和老庄，通过强调朱子学与政道的一致性使朱子学摆脱宗教，走上独立的道路。林罗山同时主张神儒一致，以程朱的持敬之说来建立神道思想，强调忠孝节义，试图把儒学与武士道思想结合起来。

当时著名的朱子学者还有山崎暗斋（1618—1682年），他崇奉朱子学如宗教一般，以朱子的是非为是非，以“述而不作”的态度来学习朱子的学说。山崎暗斋的思想特点是把朱子学的伦理思想概括为“敬”，把朱子学作为伦理实践哲学来理解，主张在实践上笃实躬行。他认为应该在身心相即的立场上建立心的主宰性，反对佛教或陆王心学片面强调心的作用。山崎暗斋尤其重视人伦中的“君臣关系”，强调臣下的绝对忠诚，否定放伐革命，他将教条主义、形式主义和神秘主义结合，发展出了神儒结合的垂加神道。

日本阳明学之祖是中江藤树（1608—1648 年），他初修朱子学，后致仕归乡，致力于教育农民，倡导王阳明的致良知说，著有《孝经启蒙》《翁问答》《鉴草》等。中江藤树主张明德、孝、良知等存于万人的内心，所有人都有正确地学习、生活的能力，只要心是纯粹的，就可以自主判断如何适应时、处、位而行动，以符合道德。可以说这是一种儒学的普及，是近世以后对中世的特权知识学问的反抗。农民把中江藤树称为“近江圣人”，中江藤树的学说也为以后的石门心学和民众思想打下了基础。

熊泽蕃山（1619—1691 年）曾向中江藤树学习阳明学，著有《大学或问》《集义和书》《集义外书》等。他折中朱子学与阳明学，主张天人合一、理气合用、体用一源的良知论，创立了独特的“心法论”。熊泽蕃山具有作为武士的强烈的自觉，曾经仕官于冈山藩主池田光政，致力于把儒教的原理应用于战国内乱后的德川日本的现实。他对在兵农分离制度下武士逐渐卷入商品经济的现状不满，展开了经世济民论，主张武士归乡，抑制商品经济，缓和参勤交代，加强北方防备。因批判幕政，曾被幽禁于古河城中。

在荻生徂徕以前的日本近世儒学界，可以说，无论是朱子学派，还是阳明学派，都对个人的内心世界抱有强烈的道德的关心，其学问具有“重内轻外”的倾向。即使是批判朱子学、开创古义学的伊藤仁斋，他的“四端之心”“扩充说”等也仍然重视道德的内面性。

伊藤仁斋初奉性理之学，37 岁时怀疑宋学与孔孟之旨不同，著《语孟字义》《中庸发挥》等书，否定朱子学理先气后的理气二元论，认为天地为一元气，而且是一大活物，气的活动充满天地宇宙，动静无端，阴阳无始，生生化化不息。

> 盖天地之间，一元气而已。或为阴，或为阳，两者只管盈虚消长往来感应于两间，未尝止息，此即是天道之全体，自然之气机，万化

从此而出，品汇由此而生。圣人之所以论天者，至此而极矣，可知自此以上更无道理，更无去处。①

宋儒以“理”为天地之本原，而伊藤仁斋认为“理本死字”，所以宋儒流于佛老之学，导致与圣人之旨有如天渊之隔。伊藤仁斋以“气”为万物之本原，也就是以道为万物本原。但是他的“道”是人伦日用当行之道，也就是五伦五常之类的社会规范，而不包括自然界的“天道”等含义。

凡圣人所谓道者，皆以人道而言之。②

道外无人，凡说天地之外，说古今之远，而无资于人伦，无益于天下国家之治者，皆邪说之魁也。设令宇宙之外复有宇宙，苟有人生于其间，必当有君臣、父子、夫妇之伦，而循仁义礼智之道。故曰：由人而显，无人则无以见道。③

因为伊藤仁斋认为人与人的关系是人类世界存立的基础，所以他的道是日常的人伦关系的伦理学。人伦日用的道是“通乎天下，达乎万世”的为人之道，所以只要是人，就须臾不可离开，也就是“人外无道，道外无人”。

有人则有性，无人则无性，道者不待有人与无人，本来自有之物，满于天地，彻于人伦，无时不然，无处不在，岂容谓待人物各循其性之自然而后有之。④

---

① 《语孟字义》（卷上），《伊藤仁斋·伊藤东涯》，第10页。
② 《童子问》，《日本古典文学大系》（97），《近世思想家文集》，第203页。
③ 《童子问》，《日本古典文学大系》（97），《近世思想家文集》，第206页。
④ 《童子问》，《日本古典文学大系》（97），《近世思想家文集》，第207页。

儒家最早论及“心性”的是孟子，孟子说性善，认为四端是仁义礼智的根芽，同时“非徒论其理，必曰扩充，必曰存养”，扩而充之便成四德，所以教就是“扩充存养”的修为之学。仁斋把孟子性善说更加以扩大化，作为到达他的理想社会的方法论，所以非常重视《孟子》。可以说伊藤仁斋的社会哲学是以人性为基础，以扩充为方法，以王道主义为归宿。

对于近世以来的儒学，荻生徂徕总结说，“染于佛老之性，以治心明性云云为第一要务”①，而他通过对仁斋学说的批判建立了他的思想体系，他的矛头所指正是“心”的问题。

> 然心无形也，不可得而制之矣。故先王之道，以礼制心，外乎礼而语治心之道，皆私智妄作也。何也，治之者心也，所治者心也，以我心治我心，譬如狂者自治其狂焉，安能治之。故后世治心之说，皆不知道者也。②

可以说批判佛教无视人伦的近世前期的日本儒学其实在深层也具有一种宗教的求道性质，对个人的内部世界抱有强烈的道德的关心，所以荻生徂徕把包括伊藤仁斋在内的近世前期儒学一律斥为“重内轻外”的心学。随着德川政权的稳固发展，战国武士总是面临生死抉择的求道的精神风土已经消失，所以徂徕学停止了把心的问题作为思索对象的行为，而把道从内在化的方向转向礼乐刑政的外在化方向。

三、明七子的复古文学

从明英宗（1436—1449 年）到武宗（1506—1521 年）时期宦官专政，

① 《太平策》，载《荻生徂徕》，第448页。
② 《辨道》(18)，载《荻生徂徕》，第205页。

倚仗政治特权，贪污受贿，残苛人民；土地兼并严重，王公勋戚与地主豪绅相互勾结，侵夺民产，赋税徭役日益加重，民不聊生，百姓被迫不断起义反抗；同时地方藩王时起叛乱，外族侵犯频繁，明王朝的统治发生了严重的危机。此外，明初制定并推行的八股文考试制度日益成熟、定型，程朱理学通过八股文考试成为独尊的统治思想，在精神上牢固地束缚着文士们的思想，严重地阻碍着社会文化的发展。

当时文坛上台阁体文风弥漫一时，特征是形式典雅华丽，内容多为粉饰太平和歌功颂德，代表作家有杨士奇、杨荣、杨溥，号称三杨。三杨均先后官至大学士，他们以太平宰相的地位，除撰写朝廷诏令奏议外，还写了大量的应制题赠之类的作品，号称词气安闲，雍容典雅，其实陈陈相因，平庸乏味。当时追随他们的人很多，一般追求利禄的文人在未中进士之前致力于八股文，得官以后就模仿台阁体，逢迎应酬，这种诗风流传了一百多年。

明中叶以后，文坛上发生了拟古主义与反拟古主义的斗争，出现了许多文学小集团或文学流派，著名的有前七子、后七子、唐宋派、公安派、竟陵派以及晚明小品文学家和复社爱国主义作家。他们或同时并起，或先后相承，各自利用某种文学传统，提出各自的文学主张，表现出一定的创作倾向，此起彼伏，直到明亡方才结束。

前七子指李梦阳、何景明、徐祯卿、边贡、康海、王九思和王廷相，以李、何最为著名。七子在政治上都是敢于和残暴贪婪的大宦官、大官僚进行斗争的人物，写了很多批判现实的作品。李梦阳曾经因为弹劾“势如翼虎”的张鹤龄和与尚书韩文密谋尽除刘瑾等八虎两事件先后两次下狱。

在文学上，七子提出“文必秦汉，诗必盛唐，不读宋以后之书”的口号，提倡读古书，增长知识见闻，开阔心胸视野，反对台阁体，一时产生了很大影响。他们使时人知道在台阁体和八股文之外还有优秀的古代文学，对打击台阁体啴缓冗沓、千篇一律的文风，扫除八股文的恶劣影响起了一定的积极作用。但是他们抛弃了唐宋以来的文学传统，盲目尊古，一味模仿，又被后人讥为没有灵魂的假古董。

明嘉靖（1522—1566 年）时，统治者不得不做出一些改革让步，采取了减租减赋、抑制宦官等措施。宦官虽被排斥，但内阁大学士为争首位，结党营私，攀引门生，互相倾轧排挤。尤其严嵩在内阁长达 21 年之久，他以谄媚取得世宗的信任，在他专政期间，置内忧外患于不顾，贪污横行，陷害忠良。此时文坛上又掀起了继前七子之后的以李攀龙、王世贞为代表的后七子的复古主义浪潮。

李攀龙（1514—1570 年），字于鳞，嘉靖进士，官至河南按察使，著有《沧溟集》。其诗乐府古体模拟汉魏，七言近体专学盛唐，由于专事模仿引用，当时声名虽盛，却受到后人的讥弹。当李攀龙从政期间，正是严嵩父子窃弄权柄之时，他自称傲吏，不阿附严嵩，关注朝内反抗严氏集团的斗争，也关注防胡抗倭的战争，与抗倭名将戚继光、俞大猷过从甚密。他的文学主张有强烈的政治色彩，常以拟古的形式揭露官僚宦官的横行霸道和无耻文人奔走权门的丑态，有现实批判意义。

王世贞（1526—1590 年），字元美，号凤洲，太仓人（今属江苏省），嘉靖进士，官至南京刑部尚书，著有《弇州山人四部稿》《弇州山人四部续稿》，其父王抒遭到严嵩迫害致死。王世贞与李攀龙同属后七子领袖，李攀龙早卒，王世贞主宰文坛 20 年。其论诗必大历以上，论文必西汉，以至于同时的唐宋派古文家唐顺之（1507—1560 年）、归有光（1506—1571 年）等皆表示不满，尖锐地批评他为“翻来覆去，不过是这几句婆子舌头语”①。王世贞自己对于复古派模仿抄袭之病，亦知之甚切，晚年见解颇有改变。

前后七子的复古文学运动前后持续了半个多世纪，影响达一百多年。他们以“起衰救弊”为己任，在文学复古的旗帜下，批判脱离现实的形式主义文学台阁体，挽救正宗文学“诗文”的危机。他们的诗文内容多是对追逐名利之辈的轻蔑，斥奸励忠，颂扬抗敌御边的爱国将领，有很强烈的

① 《荆川先生文集·答茂鹿门知县二》。

政治因素和现实针对性，只是他们矫枉过正的拟古手法不免遭到后人“鹦鹉学舌”的嘲讽。

日本社会虽然自中世纪以前就积极地输入、引进中国典籍和中国先进文化，但是译书事业并不发达，因为日本知识分子的教养以中国文化为基础，他们用汉语吟诗属文，抒发情怀，连政府公牍也多以汉文撰写。当时无论是中央的大学寮还是地方的国学、私学等各级教育机关，教学内容都以中国儒学经典为主，而教授经典的方法是先“素读”后“讲义”。素读就是用汉音诵读经典原文，讲义就是以法定的注释解说经文。不言而喻，当时只有具备了相当深厚的中国语言文字修养的日本人才能阅读汉文的经典，这就使汉文化的传播局限在贵族和上层知识分子的阶层。

14 世纪初，日本五山禅僧岐阳方秀、桂庵玄树为《四书集注》作了和训，他们创立的汉籍训读法成为中世纪以后阅读中国文献的新方法。其基本特点是在汉文原著上，按照每一个字的训诂意义，标注上日文假名，这种办法实际上是把“汉文直读”变成“汉文译读”，从而使汉文程度不高的人也能大致理解原著的内容，是日本汉文化普及史上的一件大事。后来日本人教授讲解经典时多采用这种把汉文加以“训读”的方法，就是把汉文颠倒过来，按照日语的语序来读，加上“√”或“一、二、三、四”，“上、中、下”“甲、乙、丙”等符号，这叫作“返点”，训读的时候还要加上“テニヲハ”等日语的助词，这叫作“送点”，“返点”和“送点”统称为“训点”。

这种汉文训读法虽然于普及汉文化有功，但是读者根据和训者的解释去理解文献的意思，所谓经典的原意也许只是和训者的理解，而与原著相乖离。荻生徂徕就指出这其实是一种翻译，而翻译是译者再创造的过程，无论怎样忠实地翻译都不可避免地会与原文产生各种各样的偏差和误解。荻生徂徕指出：

此方学者以方言读书，号曰和训，取诸训诂之义，其实译也，而人不知其为译也。……是以和训回环之读，虽若可通，实为牵强。[①]

为了绝对忠实地理解经典，荻生徂徕坚决主张以文本的发音和语调，按照文本的语序来阅读，在写作上也是无论用词还是内容都以模仿为主，也就是把文本的语言当作自己的母语来使用。荻生徂徕自己身体力行，他拜同时也是他的学生的长崎税关通事——当时的汉语翻译冈岛冠山为师，组织了译社学习汉语。

荻生徂徕的“唐话学”能力在当时首屈一指，他自称“吾党学者，虽睡中寝语亦不颠倒”，但是他在思想上并不反对朱子学，使他在学问上从“唐话学”转变到“古文辞学”的就是与李攀龙、王世贞的文学理论的邂逅。

不佞借天之宠灵，得王李二家之书以读之，始识有古文辞[②]。中年得李于鳞、王元美集以读之。率多古语，不可得而读之，于是发愤以读古书。其誓不目涉东汉以下亦如于鳞氏之教者，盖有年矣。始乎六经，终于西汉，终而复始，循环无端，久而熟之，不啻若自其口出，其文意互相发，而不复须注解，然后二家集甘如啖蔗，于是回首以观后儒之解，纰谬悉见。[③]

李、王只是诗文家，而荻生徂徕不仅是诗文家，也是为德川将军出谋划策的政治顾问，他引进李、王的古文辞学是要为自己的政治理论“先王之道”寻求权威的依据。因为荻生徂徕认为在中国历史上，三代以前是封建之世，而三代之后是郡县之世；在语言上三代以前是古文，三代以后尤

① 《译文筌蹄》（初编卷首），载户川芳郎、神田信夫编：《荻生徂徕全集·言语篇》，美铃书房1974年版。

② 《徂徕集27答屈景山第一书》，载《荻生徂徕》，第529页。

③ 《徂徕集30复安淡泊第三书》，载《荻生徂徕》，第537页。

其是宋代以后是今文。而在日本历史上，虽然曾经模仿中国实行过郡县制，但德川时代无疑是属于封建之世，所以德川时代政治改革的典范就应该是中国三代的礼乐制度。一般日本人根本不知中国语还有今文与古文之别，盲目以程朱的传注为经典，完全是“倭人之陋也”。实际上古文对应的是三代的封建之世，反而与今日日本是相通的，所以欲知今先知古，而李、王的古文辞学正可以为生活在德川社会的日本人提供“梯于古”的方法论。

四、古文辞学——徂徕学的语言哲学

荻生徂徕的认识论是以自己的认识体验为基础的，当年荻生徂徕随父从青少年时代的穷乡僻壤回到江户，江户已经成为了一个繁华的大都市。江户的巨大变化使他受到了强烈的冲击，他由此得出了一个结论，对乡下人说都市里的事情，不管说者如何能言善辩，听者如何聪明伶俐，也无法完全让乡下人全面、准确地领悟都市的一切。这就像“凡人能知其所习，而不能知其所未习，譬诸夏虫不知冰”①。因为语言是有限的，而事物是发展变化的，因而是无限的，有限的语言无法完全、准确地表述无限发展的事物。何况语言在传递的过程当中，不可避免地要受到来自说者、听者两方面的主观的歪曲，尽管这种歪曲可能是无意识的。所以语言充其量只能表述事物的大概轮廓，而且夹杂着很多的歪曲和误解。

> 言之虽巧乎，孰若目睹。且也徒名无物，空言状之，故其言愈繁愈舛。言之者以臆，听之者以臆，漫言自恣，莫有底止。徒玩其华，弗食其实。……夫言之者，明一端者也，举一而废百，所以害也。②

---

① 《徂徕集28·答屈景山第二书》，载《荻生徂徕》，第534页。

② 《学则》(3)，载《荻生徂徕》，第257页。

要想让乡下人完全、准确地理解都市，唯一有效的办法就是让他在都市里住上两三年，耳濡目染，他所看到的、听到的无一不是都市，他置身于都市的环境当中，不知不觉就会变成一个都市人。如果一个日本孩子从小生长在中华，说的是华言华语，那么他长大了就是一个中华人，还会嘲笑日本人，反之亦然。

其实无论道家还是易家都认为“言不尽意”，就是指借助理性化的语言即概念思维并不能把握整体的内涵，所以主张摆脱概念思维，追求言外之意。例如，周易的“象以尽意”，道家的“体道”功夫，《庄子》《老子》的寓言式表达，还有禅宗的“机锋”“棒喝”以及无言的种种示章功夫，都是力求从概念思维转向形象思维。《庄子·外物》说：

> 筌者所以在鱼，得鱼而忘筌；蹄者所以在兔，得兔而忘蹄；言者所以在意，得意而忘言。吾安得夫忘言之人而与之言哉！

荻生徂徕的《译文筌蹄》就是由此而来的。荻生徂徕认为事物是无限的分解事项的完整的统一，而要用语言来解释其中的某一条性质时都会同时遗漏其他众多的性质和侧面，即他所谓的“挂一漏万”。所以要了解某个事物只能在信赖的前提下融入该事物当中去，与事物一体化，而不是用语言来解释或议论乃至争辩。思孟以后的儒者纷纷以有限的语言来描述无限的先王之道，导致了“物与名离”——也就是先王之道概念与内容的脱节，进一步引发了有关“道”的议论和争辩。

> 后世儒者，各道所见，皆一端也。夫道，先王之道也。思孟而后，降为儒家者流，乃始与百家争衡，可为自小已。观夫子思作中庸，与老氏抗者也。老氏谓圣人之道伪矣，故率性之谓道，以明吾道之非伪，是以其言终归于诚焉。中庸者，德行之名也，故曰择。子思借以明道，而斥老氏之非中庸。后世遂以中庸之道者误矣。……吁嗟！先王之道，

> 降为儒家者流，斯有荀孟，则复有朱陆，朱陆不已，复树一党，益分益争，益繁益小，岂不悲乎。①

荻生徂徕认为学习主体将学习内容对象化的时候，往往伴随着假想的论敌，会造成主客之间的疏离，然后主体再将自己的主观想象强加于学习对象，最终完全背离对象的本质。宋儒就是因为缺乏信赖的心情，企图以理服人，在解释和议论的过程中，不断地制造着误解和谬误，最终导致主观主义泛滥的“义理孤行”，所以荻生徂徕极力反对宋儒的义理之学：

> 程朱诸公，虽豪杰之士，而不识古文辞。是以不能读六经而知之，独喜《中庸》《孟子》易读也，遂以其与外人争者言为圣人之道本然。又以今文视古文，而昧乎其物，物与名离，而后义理孤行，于是乎先王孔子教法不可复见矣。②

所谓义理之学就是宋儒对儒家经典的解释发挥，朱子学企图以普遍的“天理”来对自然界、人类社会的诸多事象做出一贯的阐释，而“理”实际上只是主观的解释，没有任何客观的标准，它导致人在主观恣意的泥坑里越陷越深，完全是主观臆测。

> 理无形，故无准，其以为中庸为当行之理者，乃其人所见耳。所见人人殊，人人各以其心谓是中庸也，是当行也，若是而已矣。人间北看成南，亦何所准哉。又如天理人欲之说，可谓精微已，然亦无准也。譬如两乡人争地界，苟无官以听之，将何所准哉。故先王孔子皆无是言，宋儒造之，无用之辩也，要之未免坚白之归耳。③

① 《辨道》，载《荻生徂徕》，第200页。
② 《辨道》，载《荻生徂徕》，第200页。
③ 《辨道》(19)，载《荻生徂徕》，第205页。

所以“先王之道”没有关于“理”的议论，只提供“事”与“辞”——具体、实在、个别的“物”。

> 盖先王之教，以物不以理。教以物者，必有事事焉。教以理者，言语详焉。物者众理所聚也，而必从事焉者久之，乃心实知之，何假言也。言所尽者，仅仅乎理之一端耳。且身不从事焉，而能了然于立谈，岂能深知之哉。①

为什么圣人只提示了原形或标准的事实“物”而不加以议论阐发呢？因为议论往往是因为怀疑，而怀疑导致争论，争论导致歪曲和误解，偏离事物的原型，最重要的是对天的尊敬和由此引发的信赖的心情，也就是自己和对象的密着和一体化。所以圣人不对“道”做任何议论和阐发，只提供了道的载体“物”，让后人自己去体会。

那么，所谓“物”究竟是指什么呢？

> 物者，教之条件也。古之人学以求成德于己，故教人者教以条件，学者亦以条件守之，如乡三物、射五物是也，盖六艺皆有之，成德之节度也。②

可以说“物”就是诗书礼乐等六艺，通过对它们的朗读、演奏、吟咏，统治者“君子”的人格自然得到陶冶，才能得到提高，就可以按照“先王之道”来治理国家了，所以学先王之道就是学诗书礼乐。

先王之道就存在于六经当中，六经的语言是古朴的叙事体，没有议论和主观发挥。所以今人要获得“先王之道”，必须首先掌握六经——《诗》

---

① 《辨道》(16)，载《荻生徂徕》，第205页。
② 《辨名·物》，载《荻生徂徕》，第254页。

《书》《礼》《乐》《易》《春秋》，研究六经的学问就叫作“古文辞学”，古文辞学就是获得“先王之道”的唯一途径。

荻生徂徕认为宋儒的注释已经是当时中国的俚俗的口语体，是对于简洁文雅的中国古代文言的翻译，破坏了文言的原意；而日语的训读又是对宋儒注释的再翻译，等于是又一层的破坏。

> 宇犹宙也，宙犹宇也，故以今言瞄古言，以古言瞄今言，均之侏鈙舌哉，科斗贝多何择也。世裁言以迁，言载道以迁，道之不明，职是之由。处百世以下，传百世以上，犹之越裳氏重九译邪，重译之差，不可辩诘，万里虽穷乎，犹当其世，孰若奘之身游身毒邪。故之又故，子孙云仍，乌识其祖，千岁逝矣，俗移物亡，故之不可恃也。①

宇指空间，宙则指古今的时间观念，就是说今言与古言的差异犹同空间的差异一样大，随着语言的变迁，道也变迁，但是这并非指道是历史的相对的规定，而是说先王之道随着语言的变化而变化，因此百世之后的人要了解先王之道是非常困难的，而唯一的了解的方法就是古文辞学。荻生徂徕认识到“故”与“祖”无法还原的分裂，训读、注释、解释都是反价值的，所以主张“废和训及传注”，唯有古文辞学。

其实，关于语言的局限性问题，伊藤仁斋已经认识到了这一点。

> 此欲学者不求言语，深务其实。夫有实无言，不足以为患，虽无言必以行也，若有言无实，则巧文丽辞，虽极天下之辩无益。故曰：“天何言哉，四时行，百物生，天何言哉。”②

---

① 《学则》(2)，载《荻生徂徕》，第256页。

② 《论语古义》(卷九)“阳货第十七”，天津图书馆藏古义堂文库。

而在荻生徂徕看来宋儒固然是以今文解释古典，而伊藤仁斋虽然提倡古义学，但是“以《孟子》解释《论语》，以今文解释古文，犹如程朱之学”。而荻生徂徕首先从语言论的角度对儒学提出了新的质疑，他在《学则》当中揭示了中国和日本、古与今的语言差异，并在《辨道》中将儒学发展史归结为各个时代的儒家言说的汇集，把六经指定为超越纷纭不已的儒家言说的批判的标准。

18世纪，不管是古学派或反古学派，还是萱园派或反萱园派，无不把对语言的关心作为学问的基础，徂徕学的“宇犹宙也，宙犹宇也”，提示了空间和时间的二重的隔阂，他以后的日本的世语言论沿着两个方向展开，一是从中国到日本的空间的回归，一是从古到今的时间的回归。第一个方向的代表是国学，本居宣长继承了荻生徂徕的拟古方法和成果，但是他把规范设定为伊势、源氏的文章，以及《古事记》《旧事纪》和《日本纪》，来追求所谓“敷岛大和语言”的纯粹性，探索日本文化的祖型。

第二个方向是彻底否定古雅的文章的权威性，其代表就是出身于大阪怀德堂的学者富永仲基，他在《翁之文》中说：

> 写今文字，用今言，食今食物，着今衣类，用今调度，居今之家，从今之习，守今之规矩，交今之人。不做诸恶事，行诸善事，曰诚之道，亦可谓今世日本可行之道也。①

他将语言的历史变化的样式加以类型化，提出了“三物五类之说”，是荻生徂徕对语言的历史认识的进一步发展的结果，是彻底的历史相对化。富永仲基在佛教史著作《出定后语》（1744年）中对于佛教宗派和经典的分析提出了“加上法则”。

佛教前身——婆罗门教是主张从地上的苦界中摆脱出来而转世天国的

① 《日本古典文学大系》(97)，《近世思想家文集》，第52页。

思想，所以天国是一个相对于地上人间的理想王国，这个“天”原来只有一个，但后起的婆罗门新宗派为了胜过旧有的宗教，便把自己宗教中的天国放在原有宗教的天国之上，认为新宗教的崇拜者可以转世到比原来的天国更新更好的天国去，这样“天”便增加了一层。后来新宗教不断出现，都不断地往原有的“天”上叠加“天”，终至于使婆罗门教的天国有二十八重、三十三重之多，这现象便是宗教起源上的“加上法则”。随着佛教不同宗派的继起，后起的宗派总是把自己宗派的教理说成是最高境界的东西，即教理的叠加。

富永仲基的“加上”法则认为所有的思想言说都是从对先行者的批判出发，并企图超越先行者，因此总是把比先行者的思想依据更古老的时代设定为起源，他的批判矛头直接指向就是荻生徂徕。

五、先王之道——圣人的作品

荻生徂徕的“道”是中国古代的君主、先王们制作、建立的具体的历史产物，既包括伏羲、神农、黄帝创造的卜筮、农耕渔猎等“利用厚生之道”，更主要是指尧、舜、禹、汤、周文王、周武王、周公七人制作的精神文化的“礼乐之道”，是孝悌仁义、礼乐刑政等制度、文化的总称。

> 道者统名也，以有所由言之，盖古先圣王所立焉，使天下后世之人由此以行，而己亦由此以行也。辟诸人由道路以行，故谓之道。自孝悌仁义以至于礼乐刑政，合以名之，故曰统名也。[①]

“圣人”是人类的生活体系的“利用厚生之道”和文化体系的“礼乐

① 《辨名·道》，载《荻生徂徕》，第210页。

之道”的创造者，是“古天子”或“先王”等历史过程中的实在人物。孔子的时代正当制作之秋，只是没得“位”，所以没有事功，但是孔子修订六经，如果没有孔子，先王之道就不能赖以流传后世，所以孔子虽非作者，但德业可以比于作者之圣。

> 圣者作者之称也……古之天子，有聪明睿智之德，通天地之道，尽人物之性，有所制作，功侔神明，利用厚生之道，于是乎立，而万世莫不被其德。所谓伏羲、神农、黄帝，皆圣人也。然方其时，正德之道未立，礼乐未兴，后世莫得而祖述焉。至于尧舜，制作礼乐，而正德之道始成焉，君子以成德，小人以成俗，刑措不用，天下大治，王道肇是矣。圣人作者，有聪明睿智之德，岂仁人所能及哉！故开国之君，如尧舜禹汤文武是为圣人。①

圣人之所以能成为“道”的制作者，是因为圣人是绝对的权威，与现实世界是隔绝的，圣人以外的所有人并不能通过道德修养而成为圣人。

> 夫圣人聪明睿智之德受诸天，岂可学而至乎，其德之神明不测，岂可得而窥乎。②

既然普通人无法通过内在的修养实现道德的完善，就只有遵循圣人制定的“礼乐”这一外在的规范来约束自己，陶冶自己，使自己“成材”——有某种专长或技术的职业人才，并以此为社会做出贡献，实现自我的价值。

先王之道是人为的历史产物，不是老庄的“天地自然之道”。

---

① 《辨名·圣》，载《荻生徂徕》，第216页。
② 《辨名·圣》，载《荻生徂徕》，第218页。

先王之道，先王所造也，非天地自然之道也。盖先王以聪明睿智之德，受天命，王天下，其心一以安天下为务，是以尽其心力，极其智巧，作为是道，使天下后世之人由是而行之，岂天地自然有之哉……大抵自然而然者，天地之道也；有所营为运用者，人之性也。后儒不察，乃以天理自然为道，岂不老庄之归乎！①

此外，道也不是如宋儒所说内在于人心的善的“本然之性”。为了回归本来的“道心”，宋儒主张“存天理、去人欲”，人人以成为道德的完美体现者——圣人为目标，进行严格的道德实践。但是荻生徂徕认为，“道”既然是先王制定的文化制度的总称，便是外在的实体，朱子学的“求道”行为将沦为佛教的禁欲主义，只能独善其身，而不能兼善其人，不可能达到治国平天下的客观效果。

荻生徂徕认为圣人之道是王道之术，是不言之教、无为之治，依靠“风俗”潜移默化的力量来教化人民。现代人总是企图用自己的主观智慧去推理、演绎，首先让人从内心发生观念上的变化，然后在观念的指导下诉诸实践，这是最愚蠢而荒谬的。圣人有凡人不可企及的深谋远虑，圣人之法是以礼治心，以外在客观的礼义制度来约束人心，所以圣人之道以“习”为第一，圣人之治以“风俗”为第一，改变风俗就是如同把世界之人从新改正，是大道术。

先王之道，古者谓之道术，礼乐是也。后儒乃讳术字而难言之，殊不知先王之治，使天下之人日迁善而不自知焉，其教亦使学者曰开其智，月成其德，而不自知焉，是所谓术也。乐正崇四术，春秋教以礼乐，冬夏教以诗书，是之谓也。如后世所谓格物穷理、克治持敬，其意非不美矣，只其不学无术，事不师古，欲袭而取之，骤有诸己，

① 《辨道》(4)，载《荻生徂徕》，第201页。

可谓强已。[①]

故圣人之道，皆有施设之方……使其君子有以自然开知养材以成其德，小人有以自然迁善远恶以成其俗。[②]

六、“大”与“小”=“仁”与“人”

荻生徂徕认为就像“铢铢而称之，至石必差；寸寸而度之，至丈必过”[③]一样，认识不应以个体的事物——“小”为对象，而应把存在看作集合体——“大”，从把握其整体发展方向的角度来认识。“大”不是“小”的简单的累计，所以对于“大”和“小”的认识方法是不同的。对于“小”的认识无论怎样积累也无法达到“大”，只有以“大”的方法来认识“大”。从这种认识论出发，荻生徂徕主张个人的道德实践的积累并不等于社会全体的幸福，因为“小”与“大”——个人与社会是本质不同的两个概念。社会问题的解决就是政治，指导方针就是“先王之道”。

正像上节所说，先王之道是中国的圣人为了“安民”“安天下”而制定的礼乐刑政等制度文化的总称，所以“道”是一个包括性的概念，其内涵是无限丰富的。

道者统名也，举礼乐刑政凡先王所建者，合而命之也，非离礼乐刑政别有所谓道者也。如曰贤者识其大者，不贤者识其小者。[④]

盖孔子之道，即先王之道也。先王之道，先王为安民而立之，故其道有仁焉者，有智焉者，有义焉者，有勇焉者，有信焉者，有恭焉

① 《辨名·圣》，载《荻生徂徕》，第206页。
② 《辨名·圣》，载《荻生徂徕》，第206页。
③ 《辨道》(11)，载《荻生徂徕》，第204页。
④ 《辨道》(3)，载《荻生徂徕》，第201页。

者，有神焉者，有人焉者，有似自然焉者，有似伪焉者，有本焉者，有末焉者，有近焉者，有远焉者，有礼焉，有乐焉，有兵焉，有刑焉，制度云为，不可以一而尽焉，纷杂乎不可得而究焉。①

“先王之道”是一个总称，其内涵之丰富是无法用语言一一列举的，所以“道”就是“大”。

道难知亦难言，为其大故也。②

这一点荻生徂徕应该是受到《老子》的影响的。《老子》说：

有物混成，先天地生。寂兮寥兮！独立而不改，周行而不殆，可以为天下母。吾不知其名，字之曰道，强为之名曰大。③

道是多义的、多样的，所以只能用隐喻的方法来描述，文就是道的隐喻。

文者，所以状道而命之也。盖在天曰文，在地曰理。道之大原出于天，古先圣王法天以立道，故其为状也礼乐粲然，是之谓文。④

在朱子学看来，理与气的关系是“理一分殊”的关系，即是“一”与“万”的关系，也就是“一”与“多”的关系。理可散在万物，使万物各具一理，然又皆是一理，是一个统一的理。在这里理不是指事物本身的特殊规律或特殊原则，而是指其所体现的普遍原则或普遍规律。

徂徕学与朱子学的分歧就在于朱子学企图以“一理”来贯穿包括自然、

---

① 《论语征》（乙），载《荻生徂徕全集》（3），第512页。
② 《辨道》（1），载《荻生徂徕》，第200页。
③ 《老子》，第二十五章。
④ 《辨名·文质体用本末》，载《荻生徂徕》，第251页。

政治和道德的所有事物，而徂徕学认为这无异于浮屠法身之说。

（宋儒）或以一理言之，或以一心言之，或以诚言之。以一理言之者，天地人物皆尔，浮屠法身遍一切之见耳。以一心言之以诚言之者，知归重于圣人之德，而不知归重于先王之道焉……先王之道多端矣，惟仁可以贯之矣。[①]

针对《论语·子罕》篇，孔子曰："文王既没，文不在兹乎。"这一条，朱子注为"道之显者谓之文，盖礼乐制度之谓，不曰道而曰文，亦谦辞也"[②]，而荻生徂徕批判道：

古者道谓之文，礼乐之谓也。物相杂曰文，岂一言所能尽哉。古谓儒者之道博而寡要，道之本体为然。后世贵简贵要，夫直情径行者，戎狄之道也，先王之道不然。孔子曰：文王既没，文不在兹乎，后儒谓谦辞。夫文者文王之文也，假使孔子自谦，而谦文王哉，是自理学者流二精粗之见耳。又有文质之说，文者道也，礼乐也；质者学者之质也，贵忠信者，谓受教之质耳。忠信而无文，不免为乡人矣。故孔子十室之邑，不贵忠信，而贵好学也。后儒仅能言精粗本末一以贯之，而察其意所向往，则亦唯重内轻外，贵精贱粗，贵简贵要，贵明白贵齐整，由此以往，先王之道借以衰飒枯槁，肃杀之气塞于宇宙，其究必驯致于戎狄之道而后已焉。盖坐不知古之时道谓之文，而其教在养以成德故也。[③]

这是对把人类社会存在的应有状态等都从内在的本来性或道德性出发

① 《辨道》(23)，载《荻生徂徕》，第207页。
② 《论语集注》（卷五），载《四书章句集注》，第110页。
③ 《辨道》(17)，载《荻生徂徕》，第205页。

来演绎的朱子学思维方式的批判，而荻生徂徕主张的是内外一体，本末一致，精粗不分，“道无精粗无本末一以贯之”①。

尽管如此，徂徕学与朱子学也并非水火不相容的对立物，因为将事物分成善恶是非曲直等势不两立的对立物，这一思维方式本身就是朱子学式的，就是违背“道”的“大”的性质。道既然是政治的技术，就应该是多姿多彩的。就连佛老这样只追求自身心灵的安宁解脱，将治国安天下付之不问的学说，因为可用于妇人愚民之辈的教化，所以也是可以吸收到“先王之道”的范围里的。可以说徂徕学是把朱子学、佛老之学等，都作为“先王之道”的一端，也就是“大”中之“小”来对待的。

> 君子不轻绝人，亦不轻绝物，所以成其大也。睹夫生已，凡天地万物之情，棼蕴交结，杂以成文，阴阳相仍，禅易弗居，辟诸纠绳。刚柔相苞，曾曾无尽，喻如剥蕉，不可得而穷诘已。故是非淑慝，无适无莫……是故诸子百家九流之言，以及佛老之类，皆道之裂已，亦莫有不由人情出焉，故有至言。夫圣人之道，尽人之情已矣，不尔，何以能治而安之哉。故苟立其大者，抚而有之，孰非圣人之道也……故学问之道，苟立其大者，贵乎博，不厌杂，宁阙疑，以俟夫生。②
>
> 然吾亦不欲学者因吾言以废宋儒及诸家之说也。古今邈矣，六经残缺，要不得不以理推之。以理推之者，宋儒为之嚆矢焉。只其理未精也，是以滞乎理。精之又精之，岂有宋儒及诸家之过哉。且学问之道，贵乎思，方思之时，虽佛老之言，皆足为我助，何况宋儒及诸家之说乎！③

朱子学主张“修身齐家治国平天下”，君主在进行政治活动时应该首先

① 《辨名·道》(1)，载《荻生徂徕》，第210页。
② 《学则》(6)，载《荻生徂徕》，第258页。
③ 《辨道》(25)，载《荻生徂徕》，第208页。

“诚意正心”，将个人道德修养和政治看作统一的和连续的。荻生徂徕认为个人的道德修养并不能直接带来政治和经济的成功，不过荻生徂徕并非是说道德与政治是对立的，恰恰相反，荻生徂徕认为就像“登高必自卑”一样，道德是政治的基础和起点，尽管徂徕学与朱子学有强调主观动机和强调客观效果的区别，但二者都是把道德与政治看作统一的和连续的。

道的最高目标就是“仁”，“仁”是儒家学说中关于政治的最高境界，相对于朱子学强调内心动机的“仁”来说，徂徕学的“仁”具有强调客观效果的特色，认为只有主观动机，没有客观效果的“仁”只是与佛老之言一样的空虚议论。

> 仁者，谓长人安民之德也。是圣人之大德也，天地大德曰生，圣人则之，故又谓之好生之德……后之君子学圣人之道以成其德者，仁为至焉……然圣人之道，要归安民而已矣，虽有众美，皆所以辅仁而成之也……譬诸啖人不以五谷，亦瘠而死耳……且孔子所谓爱人者，谓为民父母也。苟非安民，乌足以为民父母乎。宋儒主心，主心而语爱，则释迦亦仁人耳，其无安民之德，则非吾所谓仁也。仁斋先生乃曰：慈爱之德，远近内外，充实通彻，无所不至。是又泥孟子而欲扩充恻隐之心以成仁，不属诸先王，而属诸人人；不知归诸安民，而徒以慈爱言之，故其弊遂至以释迦为仁人，岂不谬乎……仁斋与宋儒均之不学无术也。①

为了实现“仁”，需要多才多艺的“君子”协力合作。任何人性只要能够取得“仁”的实际效果，都可以纳入“仁”，也就是“道”的体系当中，可以说“仁”与“人”就是“大”与“小”的关系。

① 《辨名·仁》，载《荻生徂徕》，第214页。

故君子之道，唯仁为大焉。且也相亲相爱相生相成相辅相养相匡相救者，人之性为然。故孟子曰，仁也者人也，合而言之道也；荀子称，君者群也，故人之道，非以一人言也。必合亿万人而为言者也。今试观天下，孰能孤立不群者，士农工商，相助而食者也，不若是亦不能存矣。虽盗贼必有党类，不若是则亦不能存矣。故能合亿万人者君也，能合亿万人，而使遂其亲爱生养之性者，先王之道也。学先王之道成德于我者，仁人也。虽然，士欲学先王之道以成德于我，而先王之道亦多端矣，人之性亦多类矣，苟能识先王之道要归于安天下，而用力于仁，则人各随其性所近，以得道一端。如由之勇，赐之达，求之艺，皆能成一材，足以为仁人之徒，共诸安天下之用焉。而其德之成，如夷齐之清，惠之和，尹之任，皆不必变其性，亦不害为仁人焉。……先王之道多端矣，且举其尤者言之。政禁暴，兵刑杀人，谓之仁而可乎？然要归于安天下已。先王之教多端矣，智自智，勇自勇，义自义，仁自仁，岂可混合乎！然必不与安天下之道相悖，而后谓之智勇与义已。①

既然“先王之道”是在“仁”的前提下包容一切人情人性的，那么朱子学的“存天理去人欲”之道无疑就是一种道德禁欲主义。

仁者养之道也，故治国家之道也，举直措诸枉，能使枉者直矣。修身之道，亦养其善而恶自消矣，先王之道之术也。后世儒者不识先王之道，乃逞其私智，以谓为善而去恶，扩天理而遏人欲也。此见一立，世非唐虞，人非圣人，必恶多而善少，则杀气塞天地矣。故通鉴之于治国，性理之于修身，人与我皆不胜其苛刻焉。②

---

① 《辨道》（7），载《荻生徂徕》，第202页。

② 《辨道》（9），载《荻生徂徕》，第203页。

近世日本曾经发生了一件著名的弃母案。川越地区有一农民因为贫困，剃发出家，携母外出乞讨，半途老母病倒，道人无奈抛下老母，只身进京。当时对于这种弃母的不孝行为大多数儒者主张应该处以重罪，而荻生徂徕却认为道人弃母完全是生活所迫，出现此种事件是统治者在政治上的失败，而不应该单纯地从道人的内心道德动机来定罪。很多学者据此认为荻生徂徕是一个批判朱子学道德主义的功利主义者，并认为这种功利主义思想对日本的近代化起到了推动的作用。

的确，荻生徂徕认为仅仅靠道德的说教并不能解决任何现实的社会问题，但这并不是说荻生徂徕主张道德是无用的，或政治是独立于道德之外的，而是说道德是包括在道里面的，政治与道德有不同的属性，是因为“大”与“小”有不同的属性。

> 近世又有专据中庸孟子，以孝弟五常为道者，殊不知所谓天下达道五者，本谓先王之道可以达于天子庶人者有五也，非谓五者可以尽先王之道也。尧舜之道，孝悌而已矣，亦中庸登高必自卑意，非谓尧舜之道尽于孝悌也。又如以中庸为道，亦欲以己意择所谓中庸者，苟不学先王之道，则中庸将何准哉。①

七、“天命”与“鬼神”

朱子学的“道”是事物的本然之理，是自然界和人类社会的本质与根源。而徂徕学的“道”是先王受天之命，为“安天下”的政治行为而制定的一系列社会制度。圣人制作“道”是以“天”或天的意志的“天命”为基础的，也就是“法天以立道”。

① 《辨道》(3)，载《荻生徂徕》，第201页。

天不待解，人所皆知也，万物所受命，而百神之宗者也。至尊无比，莫能逾而上之者，故自古圣帝明王，皆法天而治天下，奉天道以行其政教。①

那么“天”究竟是指什么呢？首先是指广大无边的自然界及其活动。

盖日月星辰系焉，风雷云雨行焉，寒暑昼夜往来不已，深玄也不可测，杳冥也不可度。万物资始，吉凶祸福有不知其然而然者，静而观之，亦似有其所由焉者，故谓之天道。载华岳而不重，振河海而不泻，磅礴不可穷，深厚不可尽。万物资生，不为乏焉，死皆归藏，不为增焉。亲而可知，而有不可知焉者，徐而察之，亦似有其所由焉者，故谓之地道。皆因有圣人之道，借以言之耳。②

自然界的“天”以其广大无垠、神秘莫测的性质成为人类崇敬和畏惧的对象。

人之始生也，犹未有衣食屋宅、君长夫妇之伦，贸贸焉不与禽兽殊也。当其时也，仰首以视，日月星辰，森然悬乎上，风雨云雷，不可得而测之，寒暑之来不可以御，草木万物生长化育，不可知其所由然。焉能不畏敬。故畏天畏鬼神者，人之性有焉，故谓鬼神卜筮非圣人所贵者傲狠之甚也。③

“天”或“天命”之类神秘不可知的因素是治国安天下的决定性基础，只有圣人具备知天命的认识能力，圣人是连接天与人的媒介，圣人之道就是在天道的基础和范围之内，尽量吸收人情的因素，做到二者的平衡。

① 《辨名·天命帝鬼神》，载《荻生徂徕》，第225页。
② 《辨名·道》，载《荻生徂徕》，第211页。
③ 《萱园二笔》(92条)，载《荻生徂徕全集》(第十七卷)，第349页。

那么，普通的人是否就完全被排斥在“天命”之外呢？荻生徂徕认为，天命虽然神秘莫测，但如果能够甘于自己先天的社会地位和身份，恪守社会准则，做好自己的本职工作，就是参与了“先王之道”，因为每个人的本职工作就是自己的“天职”。

> 先王之道，安天下之道也。其道虽多端，要归于安天下焉。其本在敬天命，天命我为天子为诸侯为大夫，则有臣民在焉。为士则有宗族妻子在焉，皆待我而后安者也，且也士大夫皆与其君共天职者也。[①]

徂徕学的思想基础是对“天命”的敬畏和服从。他认为所谓“敬”不是如宋儒所言抽象的“主一无适”，而是有具体对象的，那就是“天”和天的意志“天命”，圣人为了降福于人类社会而立的“鬼神”也具有神秘莫测的性质，同样也是人类敬畏的对象。因为在原始时代：

> 当圣人未兴也，其民散焉无统，知有母而不知有父，子孙适四方而不问。居其土，享其物，莫识其所基。死而无葬，亡而无祭，群鸟兽而沮落，俱草木以消歇，民是以无福，盖人极不凝也。故圣人制鬼，以统一其民，建宗庙以居之，作蒸尝以享之，率其子姓百官以事之，俨然如临，洋洋在上，使人肃然而畏，凛然不敢肆者，有所取焉。夫然后配神明肴，以人道而尊，能降百福，以辅造化，礼乐刑政，由是而出，圣人之教之极也。若夫仅以人事，虽有聪明睿智，又如何能与天地合其德，与日月合其明，以主万物乎。故谓圣人不贵鬼神，且从民俗所尚者，非鄙生所闻也。[②]

---

① 《辨道》，载《荻生徂徕》，第202页。

② 《徂徕集》（卷十七），载《近世儒家文集集成》（三），第176页。

圣人制作了鬼神以及祭祀鬼神的礼，人类社会才形成了祭祀的共同体。因此鬼神是被祭祀的对象，而不是人类理性思考的对象，离开祭祀而谈论有鬼无鬼是私智。

> 鬼神之说，所以纷然不已者，有鬼无鬼之辩已。夫鬼神者，圣人所立焉，岂容疑乎。故谓无鬼者，不信圣人者也，其不信之故则以不可见也。以不可见而疑之，岂只鬼乎，天与命皆然。故学者以信圣人为本，苟不信圣人，而用其私智，则无所不至已。①

圣人制作了以鬼神为对象的祭祀之礼，使民众祭祀鬼神，这就是名教，这是以神秘不可测的天命和鬼神以及原始人对它们的自然的畏惧心理为基础的。

> 先王之道，莫不本诸敬天敬鬼神者焉。是无他，主仁故也。后世儒者尚知务穷理，而先王孔子之道坏矣。穷理之弊，天与鬼神，皆不足畏，而已乃傲然独立于天地间也。是后世儒者通病，岂不天上天下惟我独尊乎！且茫茫宇宙，果何穷极，理岂可穷而尽之乎。其谓我尽知之者，亦妄已。故其所为说，皆阳尊先王孔子而阴已悖之，其意自谓能发古圣人所未发者，而不自知其求胜先王孔子以上之焉。夫圣人之教至矣，岂能胜而上之哉。凡圣人所不言者，乃所当不言者已，若有所当言者，则先王孔子既已言之，岂有未发者而待后人乎，亦弗思也已。②

朱子学认为唯一的“天理”贯穿于自然、社会的所有事项当中，所以

---

① 《辨名·天命帝鬼神》，载《荻生徂徕》，第237页。

② 《辨道》(21)，载《荻生徂徕》，第206页。

通过“居敬”“穷理”等主观的道德修养和对客观事物的考察，人有能力发现事物的本质——“天理”。朱子学的“合理主义”一方面混淆了自然与人类社会的性质，但是另一方面又肯定了人类有认识事物真理的能力。

在认识论上，荻生徂徕更倾向于不可知论和反理性主义。他认为事物是无穷无尽的，是每时每刻都在发展变化的过程当中的，可是人的认识能力是有限的，是不可能认识、掌握所有的事物的。他对“不可如之何”的“天命”的畏惧反映了在封建身份制社会里，人被自己所无法掌握的命运所限制，对人类自身能力局限性消极妥协，这使徂徕学比朱子学更具有保守主义的倾向。

某些学者认为徂徕学强调的天的不可知性分离了“天道”与“人道”的联系，将自然界从朱子学的道德自然主义的桎梏下解放出来，反而促进了自然科学的发展。“敬天”同时也排除了把人类社会生活准则强加给自然界的非科学因素，反而表现出一种理性的萌芽。但实际上所谓“天”在徂徕学里也往往是人类社会的投影，而“天地自然之道”既是自然界的恒常性和规律性，也同样是道德规范的原理化依据。

荻生徂徕认为礼乐刑政因为是圣人“法天”而立，所以是权威；而“天”“天命”为何能成为礼乐刑政的权威依据呢？因为“天”“天命”是人类崇拜和畏惧的对象。圣人制作了礼乐刑政，所以是圣人；而礼乐刑政既然是圣人所作，那么就必然是规范，先王之道（当然包括五伦常等道德规范）先验地与“天命”是一致的，而且唯一的媒介物就是圣人，而天和圣人是常人无法用理性进行推测思索的，就这样荻生徂徕采用了一种自证式逻辑对朱子学的“合理主义”展开了批判，试图建立一种既有别于“舍人从天”的佛老之学，又不同于把“天理”直接作为人类社会规范的“天人合一”的朱子学的“天”与“人”紧密结合的统治形态。

第三编
日本朱子学的话语批评

第七章

近代以来日本视域下的朱子学

——以中国形象为方法

◇吴光辉

回顾东亚领域下的“共同体”这一概念，我们可以列举出汉字文化圈、儒学文化圈、科举文化圈等一系列范畴，尤其是以朱子学为内核的儒学思想。朱子学自13世纪起，逐渐传播到中国周边的日本、朝鲜、越南等国家与地区，构建起具有“东亚”特色的文化区域。朱子学的东传，或是经历儒、佛合流；或是与日本固有的神道相结合；或是成为日本幕府推动“异学之禁”的工具；或是成为日本输入西学的基础；或是遭遇到近代化的冲击，从而经历了一个跌宕起伏、波澜万丈的传承与转型之过程。

本章以朱子学在日本的思想走向与地位变迁为考察对象，通过梳理与阐述自江户时代的日本近世（1603—1867年）到明治时期（1868—1912年）朱子学在日本的演绎与变迁，阐明朱子学在一步步走向近代的过程中是如何进一步丰富起来的同时，也是如何逐步地被消减为人伦思想、被还原为中国学问的一个过程，从而勾勒出朱子学在日本沉浮不定的曲折命运，并尝试提示其作为东亚的“学问”的生命与价值之所在。

一、"自我·他者"框架下的朱子学

朱子学的东传，可以追溯到13世纪20年代，也就是日本镰仓幕府时期。这一时期的日本，应该说处在皇权暗淡、幕府专权的一个时期。因此，朱子学的传入，尤其是到了日本战乱之后的文运复兴时期，其作为强调"正统王道"、突出"大义名分"、倡导天理、反对私欲的儒家学说也就一下子深入人心、广受青睐。正因为如此，朱子学作为外来的学问反而获得了德川幕府的重视，尤其是第五代将军德川纲吉（1680—1709年在位）的大力支持。

朱子学之前，日本流行佛教文化，"禅林"集聚了日本的文化经典与知识精英。朱子学的兴盛，则刺激了日本人，乃至日本学问开始走向分化，并引发了思想的分歧与论争。最为直接地，则是兴起了一股崇尚"中国"的风气。按照山崎暗斋门下三杰之一、儒学者浅见䌹斋（1652—1711年）所提到的，"吾国自儒书盛行，读儒书者，以唐为中国，以吾国为夷狄"，①故而耻于生在日本这一"夷狄之国"者亦不在少数。不仅如此，在宣扬自身的本土思想之际，日本儒者亦借助中国思想来加以比附，以示权威。周太王长子、受封于吴地的"泰伯"（亦称"太伯"）这一人物，或是被称为日本天皇之祖"神武天皇"（林罗山）；或是被直接描述为"天照大御神"（熊泽蕃山）②，借助这一传说，以之为宗，日本儒者试图突出自身传承的正统性与优越性。以儒学者荻生徂徕（1666—1728年）为例，荻生就曾以自身出自古代"物部"一族，故按照中国习俗常自称"物徂徕"，亦是一位极度崇拜中国之人。后世史论家、新闻记者山路爱山（1864—1917年）曾经

① 浅见䌹斋：《中国弁》，载《山崎暗斋学派》，日本思想大系31，岩波书店1980年版，第416页。
② 樋口浩造：《"江户"的批判的系谱学》，埔鹅社2009年版，第117—119页。

这样描述，“彼有支那之癖，非唐纸唐笔不用，一切成物皆应如中华”。不仅如此，即便是偶然得到的中国历法书籍，也会极为赞赏“是俨然中华之物，不同如蚯蚓之近世历法”。[①] 这样的“一边倒”的现象，也就成为日本思想史上的一道公案，也在后世引起一系列围绕人格评价乃至思想认识而展开的思想论争。[②] 在这一过程之中，朱子学的“大义名分”的立场，由此而演绎出来的“华夷秩序”的观念，成为日本儒学者树立价值判断的基准，由此也确立起日本与中华，或者说“自我·他者”框架下的自我文化身份认同。

第一，作为反对朱子学正统地位的地方学问——国学，日本的一批学者则是不以知识学问的立场为依托，而是依照所谓“国家”的立场来认识自我与他者的二元框架。开创古学的学者山鹿素行（1622—1685 年）以日本为“本朝”，以中国为“异朝”，认为：“仁智勇之三为圣人之三德也，此三德缺一而非圣人之道，今以此三德一一立其帜而校量本朝异朝，本朝远胜也，诚可谓中国之所分明也。”[③] 也就是说，日本拥有圣人之道，且远超清朝，故日本才应该称为“中国”。国学者本居宣长（1730—1801 年）以“歌道”为突破口，指出中国（亦称唐国、汉国）好论善恶是非，抹杀自然人情，“夺取君之国，谓己合乎天心，欺诈人民，汉国圣人之奸智邪术也”。与之不同，日本注重“物哀”感受，强调自然人情，且“皇国乃天壤无穷之神敕，虽经几万代，君君臣臣，御位不动”。[④] 也就是说，与中国的易姓革命不同，日本乃是万世一系的“皇国”，应该树立属于自身、为自身所需的正统之学。

第二，作为反对朱子学的一大立场，西学、尤其是“兰学”开始登场。1774 年，杉田玄白（1733—1817 年）、前野良泽（1723—1803 年）翻译了

① 山路爱山：《史论集》，三铃书房 1958 年版，第 45—46 页。
② 松本三之介：《近代日本的中国认识》，以文社 2011 年版，第 27—30 页。
③ 山鹿素行：《配所残笔》，载《山鹿素行》，《日本思想大系 32》，岩波书店 1970 年版，第 333—334 页。
④ 松本三之介：《近代日本的中国认识》，以文社 2011 年版，第 36—37 页。

荷兰医学书籍《解体新书》，由此确认“真正的医理在于远西之荷兰”①，而不在于东方传统的汉方中医。这一事件被称为“兰学事始”，它加速了日本脱离中国文明，走向西方化的进程。换言之，在日本的一批研究以荷兰为代表的西方学问的学者之中，出现了一股反对“中国崇拜”，突出自身优越的自负思想。② 在此，突出“华夷秩序”下的被视为“夷狄”的西方，将西方科学视为具有合理性的实证认识的西学思想，就与反对崇拜中国的国学思想，构成了一个互为表里的联系，站在了与朱子学相对立、相对抗的立场。

第三，日本人之所以质疑、反思朱子学，应该说最大的刺激之处，在于这一时期的历史大事件。其一，满清入主中原。“圣人之国”“中国之国”为夷狄——满清这一外来军事势力所征服。中国为什么会败于北狄之手，竟至亡国之地步？对此，日本兵学家评价指出，“唐山（中国）重理法，多谋计，以持重为第一义，其立军堂而皇之，至血战则极为迟钝”，③ 故而不及北狄之武技。针对这一变局，阳明学者熊泽蕃山（1619—1691 年）主张吸收中国“文过武怠”之借鉴，日本一定要强调“文武两道”。其二，则是清王朝与英国之间的鸦片战争，带给日本人以“天地一变”的巨大刺激。面对“文明之母国”的战败，幕府末期学者佐久间象山（1811—1864 年）提到：“清儒学问考证精密，毕竟多纸上空谈，窃以为极乏实用。”④ 因而强调“东洋道德、西洋艺术”，以取东西之长。儒学家齐藤竹堂（1815—1852 年）曾撰写《鸦片始末》一书，亦指出：“（英国）以无理无义之丑虏，竟而打破堂堂仁义之大邦，是亦何哉？吾反覆思之，而后知清英胜败利钝在于平日，不在鸦片之事也。此何故哉？宇宙万国风土自异，孰为夷，孰为夏，而汉土常以中夏自居，侮视海外诸国，犹如犬彘猫鼠，冥顽不灵。彼

① 杉田玄白：《形影夜话》，载沼田次郎、松村明、佐藤昌介校注：《洋学》（上），日本思想大系 64，岩波书店 1976 年版，第 257 页。

② 渡边浩：《东亚的王权与思想》，东京大学出版会 1997 年版，第 150—153 页。

③ 住田正一编：《日本海防史料丛书》（第 2 卷），克雷斯出版 1989 年版，第 8 页。

④ 佐久间象山：《象山全集》（第 3 卷），信浓教育会编 1975 年版，第 221 页。

之机智敏，器械精，或出自中夏之未尝所识者亦未可知，茫然乎不讲防御之术，开口辄曰夷蛮。”① 在此，朱子学所谓的“大义名分”“天理·人欲”之说皆败北在了西方的坚船利炮的技术文明之下。

二、“华夷思想”构建中的朱子学

近代以来的中国地位的变迁，可以解释为自一个被借鉴的他者，到逐渐地被置于荷兰、英国所代表的“西方”的对立面，而后则是作为“东方”——落后停滞、愚昧野蛮的“东方”之代表，与西方直接地处在了二元对立的框架之下。由此，近代以来的“东方·西方”的二元对立框架模式得以树立起来。不过，在这一过程之中，日本亦借助朱子学的思想树立起了独特的中华意识，日本学者桂岛宣弘曾经以“礼文中华主义”“日本型华夷思想”“日本中华主义”为变迁的象征，尝试着将日本的华夷思想构建起一个类型化的体系。②

所谓“礼文中华主义”，也就是借助中国经典，尤其是朱子学来重新建构日本的伦理道德。尤其是江户时代后期的水户学，大力提倡礼文中华主义，且借助这一礼文制度来衡量日本的政治。以藤田幽谷（1774—1826 年）《正名论》为例，该文开篇即提到“名分之于天下国家，不可不正且严也”。而后提到“日本自皇祖开辟……世继明德，以照临四海，四海之内，尊之曰天皇……君臣之名，上下之分，正且严，犹天地之不可易也”。针对幕府将军，则提到“皇朝自有真天子，幕府不宜称王”。到了会泽正志斋的《新

① 斋藤竹堂：《鸦片始末》，载田中彰、宫地正人校注：《历史认识》，《日本近代思想大系 13》，岩波书店 1991 年版，第 3—4 页。

② 桂岛宣弘：《华夷思想的解体和自他认识的变容》，载《十九世纪的思想史：作为他者的德川日本》，塘鹅社 1999 年版。

论》，则直接提到："神州者太阳之所出"，"君临万方，未尝一易姓革位也"，[①] 也就是借助朱子学的大义名分论来树立神州、天皇的唯一正统之地位。

所谓"日本型华夷思想"，则是将中华·夷狄加以相对化，由此谋求自身的独立性。满清入主中原，引起日本人的极大关注，西川如见（1645—1724年）提到："如今来长崎唐人之姿，皆北狄鞑靼之姿，而非自中华往古之风俗"。而后以世界地图为依据，认识到"夫唐土对天地万国，不及百分之一。唐土之人，虽以土为天地之中也，而天竺之人又以天竺为世界之中国也"，日本也是"四时中正之国也，万国虽广大也，四时中正者亦不多"。[②] 西川如轩更在《日本水土考》之中直接言明："日本皇统自开辟以来，至今未改变者，万国之中惟有日本，岂非水土之神妙乎。"[③] 就这样，日本以中国为"他者"，逐渐树立起自身的本土意识与优越观念。

所谓"日本中华主义"，即到了幕府末期，面对西方殖民主义日益来临的巨大危机，日本人的一种"中华意识"开始觉醒。作为"尊王攘夷派"的代表人物，大桥讷庵（1816—1862年）曾提到："我神州位于东方，承朝阳阴勃之气，为勇悍锐意之国。"而且还提到："真正之华夏者，非我神州莫数。"[④] 也就是直接表述了"日本 = 神州 = 中华"的思想。在这样的话语之中，"中华·神州"不再是一个固定的概念，而是带有地域性格的、高度统一的"文化共同体"。而且，在这样的内涵背后，儒学也不再是衡量文明高低的唯一标准，而是成为一个静态的工具，"中华·神州"反而成为了一个动态的概念。在此，或许我们可以联想到20世纪初日本"支那学"的创立者内藤湖南（1866—1934年）所提出的"文化中心移动说"。

---

① 藤田幽谷：《正名论》，载会泽正志斋：《新论》，《日本思想大系53》，岩波书店1973年版，第370—371、381页。

② 樋口浩造：《"江户"的批判的系谱学》，塘鹅社2009年版，第208页。

③ 樋口浩造：《"江户"的批判的系谱学》，塘鹅社2009年版，第209页。

④ 大桥讷庵：《辟邪小言》，载《明治文化全集·思想编》，日本评论新社1967年复刻版，第113页。

事实上，这样的“神州”也转化为一种观念或者意识落实到日本，进而催生了日本人的独特意识。尤其是到了幕府末期，思想家吉田松阴（1830—1859年）突出“至诚”观念，强调“忠义”意识，提到：“尽死以仕天子，不以贵贱尊卑为隔限，是则神州之道。”① 在此，至诚与忠义的结合，应该说也象征着日本与中国各自注重的思想观念的结合。日本学者曾采取线性结构的方式，将自“敬”到“诚”的观念的变迁把握为日本儒学经历了“受容—变容”的一个转型标志。但是在此，二者皆融入了“神州之道”，而且，这样的结合不再是外部的观念性的融合，而是被视为日本精神的内在形成。由此可见，“自我·他者”的框架在此被“神州”这一概念消减与分解，“神州之道”的根本内涵就被确立为“万世一系”的天皇制度，日本就此开启了一个“自我独白”的言说空间。

三、“文明开化”背景下的朱子学

若是站在自我·他者的对立框架之下来思考日本的“中华意识”，那么这一意识也就是一方面将“中华意识”与固有的中华传统割裂开来，将它嫁接到日本自身的传统之中，一方面通过政治性地推动“神州之道”，实现以自我为中心的“中华意识”。不言而喻，这样的中心可以是东亚的中心，也可以是世界的中心；这样的中心可以是文化的中心，同时也可以是政治的中心。这样一种“中华意识”既是日本自身作为主体存在的意志的体现，同时也是以民族国家为完成形态的意识的展示。不过，处在这一时期的多元性的角力与对抗之中，近代日本急剧地出现了一大思想转型，也就是“文明开化”的西方化道路。在这一时期，“批判”或者“颠覆”中国成为日本启蒙主义者的内在的、特殊的“情结”，亦成为日本面对西方来重新确

① 吉田松阴：《丙辰幽室文稿》，载《吉田松阴全集》（第4卷），岩波书店1938年版，第141页。

认自身“身份”的前提与基础。

1885年3月16日，近代日本最大的思想家福泽谕吉（1834—1901年）以中日之间的朝鲜争端为背景，于《时事新报》发表了著名的《脱亚论》一文。因此，这一时期日本的中国形象或者说“他者”内涵，最为直接地体现为一个被贬低的他者，即“亚细亚的恶友”。正如该文所指出的：“我日本之国土虽在亚洲之东边，其国民之精神既已脱离亚洲之固陋，转为西洋之文明。然不幸之处有近邻之国，一曰支那，一曰朝鲜。……（二国）论及教育之事则言儒教主义，学校教旨则称仁义礼智……毫无真理原则之知见……尚傲然无自省之念。……我辈视之……不出数年其必将亡国，其国土必将为世界文明诸国所分割。”① 也就是说，以儒教的礼乐为传统的中国与朝鲜，依然迷恋于过去的古风旧习，缺乏了探索真理、探索西方、探索世界的精神，且不求改革之道以挽时代之危局，其命运必将是支离破碎，被西方列强所分割而走向灭亡。

福泽谕吉的儒学批判，实质上集中在了两处。首先，就是儒学教育言必称“仁义礼智”，缺少了科学的思维；其次，则是将儒学教育归结为中国与朝鲜，指出二者缺乏了“自省”的观念。不言而喻，在福泽谕吉这样的评价背后，潜藏着一个针对日本的潜在认识：一方面，日本并不是一个儒教化的国家，或者说日本并不是一味地讲究“仁义礼智”的国家，它还尤为注重科学的精神。这样的科学的精神并不是源自东方，而是来自近代的西方世界。另一方面，日本尽管接受了儒学，却并不以“君子之国”而傲然自居，而是带有了谦逊、自省的观念。依照福泽谕吉的逻辑，日本人的这一观念体现在积极输入西方学问的过程之中，由此而认识到儒学的“鄙陋”之处，故而才带有谦逊、自省的观念。换言之，福泽谕吉事实上的出发点，是将中国、朝鲜与西方进行了一个对峙的二元图示划分，且通过学

① 福泽谕吉：《脱亚论》，载《福泽谕吉集》，《近代日本思想大系2》，筑摩书房1975年版，第511页。

习西方、依附西方的“文明开化”的道路来贬低东方，宣扬西方，以利于日本宣扬的“文明开化”。

福泽谕吉之所以提出这样的论断，并不是基于朱子学本身的一个批判，倒不如说是基于其以西方文明为蓝本的世界文明三阶段说。根据其《文明论概略》（1875年）一书的著述，福泽谕吉认为：“如今论述世界文明，以欧罗巴诸国并亚米利加合众国为最上之文明国；土耳其、中国、日本等亚细亚诸国称半开之国；阿非利加及澳大利亚等为野蛮之国，以此名称为世界通论。”① 在此，中国被称为“半开之国”。事实上早在明治维新次年、即1869年出版的《世界国尽》之中，福泽谕吉就提到中国原本是“自往古陶虞历经四千年，重仁义五常人情风厚也”，但是却“落后于文明开化，风俗渐衰，不修德，不研知，以我而无外人”，② 即便是遭遇鸦片战争的惨败，中国人依旧愚昧无知，犹不予施行文明开化。由此，中国就成为自“半开之国”沦为“野蛮之国”的代表。不过，福泽谕吉的意图却不在于此，而是强调日本不可以走中国的道路，要学习西方，唯有如此才能自“半开之国”一跃而为“文明之国”。

在整个日本的近代化过程之中，知识分子也急剧地发生着转变，呈现为具有敏锐的“开化性”和狭隘的“民族性”的双重性格。③ 在《脱亚论》的结论之处，福泽谕吉指出：“今日之为谋，我国不可犹豫于以等待邻国之开化而共振亚细亚，宁可脱其伍与西方之文明国家共进退。与支那、朝鲜之交往不可以其为邻国之故而予以特别之关怀，唯有依照西方人对他们之态度来对待他们，亲恶友者不可避免与之共恶友之名，吾要诚然谢绝亚洲东方之恶友也。”④ 福泽谕吉将中国、朝鲜视为“亚细亚的恶友”，指出日本开拓西方式的文明开化，必须摆脱传统束缚，实行脱离亚洲的道路。这

---

① 福泽谕吉：《文明论之概略》，岩波书店2009年版，第25页。

② 福泽谕吉：《世界国尽》，载《福泽谕吉集》，《明治文学全集8》，筑摩书房1966年版，第3页。

③ 陈秀武：《近代日本国家意识的形成》，商务印书馆2008年版，第192页。

④ 福泽谕吉：《脱亚论》，载《福泽谕吉集》，《近代日本思想大系2》，筑摩书房1975年版，第512页。

一论断实质上不过是一个近代文明的选择问题而已。但是，批判中国是“文明境外的无知之愚民”[①]，要按照“西方人对他们之态度来对待他们”，也就意味着日本要向西方学习，走上分割中国与朝鲜的殖民主义道路，也就脱离了文明选择的框架，而是走向了文明性的“行动”。

福泽谕吉的“脱亚论”的实质，一方面在于脱离东洋的专制与停滞，使日本走上西化的道路，另一方面则是要颠覆中国文明的优越地位，使进步的日本成为东方文明的中心。这一视角的前提，也就是西方文明带有绝对的“天理人道”。在这一前提下，中国形象被描述为，也只被描述为一个唯政治是从的一元社会国家，一个半开化文明的停滞衰败、专制残酷、愚昧野蛮的落伍者，也就是黑格尔笔下的“反世界史”的东方形象。[②] 而且，我们还必须指出一点，即福泽谕吉事实上并不是直接地观察与审视“中国”本身，而是站在一个透过西方之镜，反思日本传统的立场来看待中国。这样一来，即便是中国反对西方殖民主义的行动，在他而言也不过是一种“自不量力”的任性行为。因此，面对西方启蒙主义的暴力性，福泽谕吉完全失去了一个公平公正、和平持中的态度。即便是作为其研究者的丸山真男，应该说也完全忽视了这一认识。[③]

四、“传统回归”思潮下的朱子学

何谓“近代”？日本学者大庭健指出，近代就是通过自我树立前近代与非理性，由此来树立起自己，且将自我的异化·自我的相对化作为自我形

---

① 子安宣邦：《东亚论　日本现代思想批判》，赵京华编译，吉林人民出版社2004年版，第36页。

② 子安宣邦：《福泽谕吉〈文明论概略〉精读》，陈玮芬译，清华大学出版社2010年版，第31页。

③ 子安宣邦：《福泽谕吉〈文明论概略〉精读》，陈玮芬译，清华大学出版社2010年版，第182页。

成的回想式话语的一段插曲来赋予其以内部化，由此而建立起来的“思考装置”。[①] 以福泽谕吉的《脱亚论》为代表，福泽谕吉采取了“亚细亚的固陋”“古风旧习”“儒教主义”“阴阳五行”“仁义礼智”“外观的虚饰”“残酷不廉耻”“闭居一室内”“古风的专制”“无法律之国”等一系列话语来形容亚洲，[②] 以“进步”“文明”“独立”“先进国”等一类话语来极力渲染日本，并将文明开化视为历史发展的潮流、唯一不变的真理。由此，也就树立起日本作为“文明开化”之代表，中国作为“固陋顽冥”之代表，也就是“日本・中国”的对立框架。不仅如此，后来的日本知识分子还力图证明这一框架背后的、具有更为深刻内涵的“西洋・东洋”的二元对立结构，[③] 从而使“日本・中国”这一框架具备更为深远的价值内涵、更为深远的批判意识。

与此不同，一批传统汉学者则站在文化视角来认识中国。以中村正直为代表，中村正直曾在《明六杂志》发表了著名的《支那不可侮论》，指出日本曾经蒙受中国的巨大恩赐，中国作为一个“文明古国”，依旧存在着日本需要学习的地方。[④] 以这样的“连带”观念为基础，日本于1880年兴起成立了“兴亚会”，1883年改称“亚细亚协会”，该会强调中日互动、反对欧美主义一边倒的政策。不仅如此，这一组织的代表人物重野安绎（1827—1890年）还一度提出以中国“官话”为东亚的共同语言的构想。[⑤] 这样一个思想成为明治后期一批知识分子大力宣扬“亚细亚主义”的理论基础。

---

① 大庭健：《普遍主义的文脉》，载新田义弘编：《近代・反近代》，《岩波讲座现代思想14》，岩波书店1994年版，第139页。

② 沟口雄三：《中国的冲击》，东京大学出版会2004年版，第3页。

③ 福泽谕吉树立了这一框架，但是在此，笔者赞同石之瑜的论断，即日本使用“自—他”的差异性贬抑中国时，更大程度是在模仿欧洲对待中国的方式，而并非根据日本内生的需要将中国他者化。参见黄佳甯、石之瑜：《不是东方——日本中国认识中的自我与欧洲性》，台湾大学政治系中国中心2009年版，第24页。

④ 山室信一、中野目徹校注：《明六杂志》（下），岩波书店2008年版，第35号。

⑤ 狭间直树、佐藤慎一、宫村治雄：《座谈会：东亚的近代和梁启超》（上），载《三鈴》2000年第42号，第46—47页。

在这一阶段，作为儒学复兴的旗手，我们不得不提到元田永孚（1818—1891 年）这一人物。作为朱子学者，元田永孚于 1871 年担任天皇侍讲，而后成为帝师和私人顾问。元田永孚十分重视天皇的汉学教育，为天皇讲述了《论语》《日本外史》等东方经典，主张以儒教的“德治主义”理想来培养天皇的君德。1879 年，元田永孚发表了一篇题为《教学大旨》的文章，公开主张教育的根本精神在于以讲授仁义忠孝的道德为第一。1882 年，根据天皇之命，元田永孚编写了以忠孝仁义为核心的《幼学纲要》，发给全国小学学习。就这样，元田永孚大力反对西化式的文明开化，推崇“读四书五经、尚廉耻、重礼让、笃伦理”的教育，成为了这一时期教育思想论争的一大焦点。

不过，就这一时期日本知识分子推崇的“亚细亚主义”而言，这一思潮的最大成果，应该说不在于如何复兴传统，复兴朱子学，倒不如说，来自中国的朱子学确实淹没在了历史的长河之中。日本认识中国的政治、文化、军事，推动所谓“亚细亚主义”，由此而引导出来的，则是如何指导中国走上日本式的文明开化之道路，进而达到自身获取最大利益的目的。在这一时期，新学成为了取代朱子学的学问，为中国知识分子所推崇，尤其是经历了日本留学之后的中国知识分子。

中国变革的力量依旧是来自读书人。梁启超（1873—1929 年）推行变法之际，曾借助日本的成功模式进行了大力宣传。“今夫日本，幕府专政，诸藩力征，受俄、德、美大创，国几不国，自明治维新，改弦更张，不三十年，而夺我琉球，割我台湾也。……要而论之，法者天下之公器也，变者天下之公理也。大地既通，万国蒸蒸，日趋于上，大势相迫，非可阏制，变亦变，不变亦变。变而变者，变之权操诸已，可以保国，可以保种，可以保教；不变而变者，变之权让诸人，束缚之，驰骤之。呜呼！则非吾之所敢言矣。”不仅如此，梁启超还就世界性的“变法”进行了类别性的划分，指出：“是故变之途有四：其一，如日本，自变者也；其二，如突厥，他人执其权而代变者也；其三，如印度，见并于一国而代变者也；其四，如波兰，见分于诸国而代变者也。吉凶之故，去就之间，其何择焉?"[①] 也就是说，中国之变革要学习日本，一要选择"自变"之形式，二要顺应世界之潮流大势，三则持以存续"国·种·教"之目标，由此中国则可以自强，屹立于世界之东方。1898 年维新变法失败、被迫流亡日本之后，梁启超主持创办了《清议报》，大力提倡"维持支那之清议，增长支那人之学识，交通支那日本两国之声气，发明东亚学术以保存亚粹"，[②] 站在一个振兴东亚的立场来提倡学习日本，借鉴日本，以保存东亚的精髓。

日本展现了"东洋·西洋"的二元框架下的成功，给予饱受西方侵蚀的中国、处在存亡危机之中的中国以巨大的示范意义。由此，正如"维新变法运动"这一称谓所昭示的，中国的"变革"就附庸在日本的思想脉络之中。中国学者葛兆光曾经提到"自我认识"的中国历史这一概念，指出就自我认识的意义而言，中国历史可以分成三阶段。第一个是"以自我为中心的想象时代"。这个时代形成了以自我为中心的"天下观念"和以自我为宗主的"朝贡体制"。但是，自从晚明西洋人逐渐进入东方，特别是晚清西洋人的坚船利炮迫使中国全面向西转之后，中国人认识"自我"，进入第二个阶段，也就是与第三个阶段——"多面镜子的阶段"相对立的"一面镜子的时代"，在西方这个"他者"的对照下，中国人开始了对自我的重新认识。[③] 不过，这样的一面镜子，却缺失了日本这一"他者"，或者将日本放置在西方这一"他者"的延长线上。但是，历史事实告诉我们，日本并不会屈从在西方的延长线之上，尽管近代以来的"东洋·西洋"的对立框架始终不曾消失。

---

① 梁启超：《论不变法之害》，1896 年 8 月 19 日。引自《梁启超全集》（第 1 册），北京出版社 1999 年版，第 11—14 页。

② 梁启超：《横滨清议报叙例》，载《清议报》1898 年 12 月 23 日。沈云龙：《清议报全编》，文海出版社 1973 年版，第 15 页。

③ 葛兆光：《什么是"中国"》，载《经济观察报》2011 年 1 月 28 日。

五、“近代国家”观念下的朱子学

近代中国的社会变革，带有了相对浓厚的“附会”日本的色彩，故而也带有了双重的世界性的意义：第一，中国不管是自觉还是不自觉，总之是进入到以日本为中心的“东洋”的范畴之中；第二，中国不管是否坚持传统的华夷秩序或者中华思想，以日本为成功的范例，中国亦被推到了近代化的潮流之中。第一层意义，也就是围绕“东洋”，而后是“亚细亚”“大东亚”一类的概念的、以中日战争为形态的中国与日本之间的“自我·他者”框架；第二层意义，也就是延续到新中国成立之后的、以“近代化·反近代化”为主题的“东方·西方”，乃至“中国·世界”的二元框架模式。不过，在这样的理论框架的设定之前，也就是作为一个问题而出现的，就是“中国”这一概念是否成立？换句话说，中国是否可以确定为一个现代意义的“国家”？

时空的超越，历史的加速，或许可以将这一问题的论争放到当下。2009年，英国学者马丁·雅克（Martin Jacques）通过Penguin Books出版了*When China Rules the World: The Rise of the Middle Kingdom and the End of the Western World*一书，该书中文译名为《当中国统治世界》，将中国视为“文明国家”（Civilization－state）而非“国民国家”（Nation－state），并认为中国作为文明国家走向复兴之际，将会“回归朝贡体系”，形成一种“权威主义的儒教体制”式的政治体。[①]“国民国家”是以西方资本主义革命为参照而构建起来的近代化模式的源点，但是，中国却是一个不变的且会走向传统回归的“文明国家”。在此我们姑且不论这一论点是否合适，若是我们将视野往前推动一百年，中国可以说并非是作为一个“文明国家”出现，而

① 围绕该书的评价，参见乐钢：《文化泡沫与国族焦虑》，载《读书》2010年第11期。

是缺失了作为“国家”的基本结构，也就是说中国并非西方近代意义下的“国家”。这样一个本质性的问题，同时也是明治日本的中国形象之中最为突出的问题之一。

中国是否是一个真正的“国家”？甲午战争之后，以“人种·文明”为核心的东洋·西洋的模式之争，如今转向了是否可以作为“国家”或者作为“什么”的一大问题。1898 年 5 月 31 日，政论家陆羯南（1857—1907 年）在《日本》杂志提到：“东亚问题不管其外延如何广阔，其内容如何复杂，究其根本，其根源即在于清国面对如今世纪而未能成就为‘国家’也。若是清国能克己而为‘国家’，东亚的大部分问题则将自动消退。”[①] 也就是说，清朝必须革除封建体制，真正地实现近代化的国家。只有中国成为近代意义下的国家，东亚的问题才能得到根本解决。政治活动家尾崎行雄（1858—1954 年）更是直接地批判中国是否具有“国家性”，指出：“有物必有名，然支那无国名。就正当的意义而言，国家或者国一类意义的存在，从古到今皆没有必要。”国家形成的根本在于爱国心、战斗力、政治能力，但是中国原本就缺乏这样的存在。因此，尾崎预言“其命运不外乎就是亡国”。[②]

与这样的“不成国家”的立场不同，一部分日本人则是关注到中国社会组织，乃至中国人的特征，且站在国家的立场进行了评价。黑龙会的核心人物内田良平（1874—1937 年）即是其代表人物之一。在《支那观》（1913 年）一书之中，内田良平曾提到：“支那为一畸形国也。”认为中国社会与普遍性的社会毫无相同之处。那么，中国社会的内涵在于哪里呢？对此，内田良平将中国的社会称为“读书社会”，也就是以科举考试的读书人为核心的社会。[③] 这样的社会的实质，就是一个封闭的，而不是开放的社会。

---

① 陆羯南：《应促进支那内治革新之议》，引自松本三之介：《从德川时期的儒学到东亚协同体》，以文社 2011 年版，第 126 页。

② 尾崎行雄：《清国灭亡论》，载《中央公论》1901 年 11 月。引自松本三之介：《近代日本的中国认识》，以文社 2011 年版，第 128 页。

③ 内田良平：《支那观》，引自松本三之介：《近代日本的中国认识》，以文社 2011 年版，第 129 页。

不过，必须指出的一点是，内田良平之所以突出中国的本质在于“读书社会”，且不同于普遍性的国家存在，其目的是希望在二者之间构建起一个“游民社会”。这样的社会以马贼、土匪为代表，亦是没有政府、没有国家、更没有仁义道德、没有理想未来的存在。一方面，他们可能与政治相结合来压制大众；一方面，他们或许带有了侠气，可以为劳苦大众提供力量支持。作为日本浪人组织黑龙会的核心人物，内田良平或许在这样的“游民社会”的设定之中找到了日本所谓的志士或者浪人活跃于中国社会的潜在需要吧。但是不管如何，内田良平界定的中国就是一个没有法制、缺乏理念的社会，而不是一个近代意义下的“国家”。

不言而喻，这样的中国认识或者中国批判，应该说与“朱子学”不无关联。或者说，在这样的认识之背后，存在着最为深刻的朱子学批判。不过，正如朱子学失去了作为“时代的学问”的历史地位一样，围绕朱子学的批判，也不再是日本文化的一个主潮。倒不如说，日本开始脱离朱子学、中国儒学、中国学问、东方思想的范畴，突入到了一个世界，尝试构建起一个“世界的日本”的学问的时代。正如日本哲学家西田几多郎（1870—1945 年）所指出的，“在维新之前的孔孟主义的道德失去了势力的同时，我们应该应对如今的新时事来研究伦理学，我们就处于这样一个时代”。[①] 就这样，作为“官学”的朱子学，走到了一个被日本批判、抛弃的时代命运。

结论

事实上，朱子学的历史回响依旧留存在了日本知识分子的心中。以 1911 年辛亥革命的评价为例，日本就“中国将走向何处”的问题也形成了一系列的中国认识。首先，以应清王朝招聘，担任北京进士馆教习的矢野

---

① 西田几多郎：《西田几多郎全集》（第 16 卷），岩波书店 1979 年版，第 159 页。

仁一（1872—1970年）为代表，认为辛亥革命导致清朝灭亡，“并非是（清朝）德衰而脱离人心的结果，而是支那早已不是统治天下的世界帝国这一事实”所导致的。不仅如此，清朝灭亡之后，中国施行民主共和、五族共和的共和制度，这一制度本身“并没有依据支那的经典，支那的历史上亦没有什么先例”，[①] 因此，矢野仁一怀疑自西方传来的这一制度不会长久，认为这一制度并不足以支配中国人的人心。在这样的认识下，中国形象被固定为传统儒家经典支配下的古老国度，尤其是“朱子学”支配下的“停滞性”国家，且正因为根深蒂固的“停滞”性而不断走向衰弱。

不过，针对这一事件进行了积极评价的学者，尤其是东洋史学者亦不少。以白鸟库吉（1865—1942年）为例，白鸟库吉认为中国意识到自身并非是世界的中心，并通过与西方接触而意识到了西方文明的进步，因此才出现了辛亥革命。而且，白鸟库吉认为，中国由此真正地成为“近世（近代）的一个国家，且可以自豪地立于世界列强之间”。[②] 与此同时，内藤湖南站在历史考察的立场，指出中国的立宪制度可以追溯到“唐以来的变革”，既是“世界大势”，同时也是中国逐步发展的“自然之势”。[③] 因此，这一事件彰显出中国历史的进步，也反映了中国脱离传统华夷秩序，打破固有思维方式，主动走向自我开化的新气象。在此，我们可以将之解读为中国逐渐脱离“传统”，尤其是“朱子学”的桎梏，从而走向了新的生命。

近代启蒙主义式的普遍主义，只能是特定社会范畴下的普遍性。[④] 这样的普遍主义，也绝非是中国人想象的放之四海皆准的真理。中国是否是一个现代意义的“国家”？围绕这一问题的讨论，可谓直接地指向了西方近代启蒙主义的“界限”的问题。不过，不管怎么说，我们可以确认一点，即

---

① 矢野仁一：《支那帝国和支那共和国》，引自《近代支那论》，弘文堂书房1940年版，第122页。

② 白鸟库吉：《论支那历代的人种问题来探究本次大革命的根源之所在》，载《中央公论》，1911年12月。引自松本三之介：《近代日本的中国认识》，以文社2011年版，第171页。

③ 内藤湖南：《支那论》，创元社1938年版，第53页。

④ 大庭健：《普遍主义的文脉》，载《近代·反近代》，《岩波讲座现代思想14》，岩波书店1994年版，第136页。

在日本人的眼中，朱子学在一开始乃至最后，一直与日本的“中国形象”融聚在了一起。不管是江户时代的作为官学经典的儒学，还是西方话语下的停滞、野蛮的老大帝国，抑或是日本话语下的不知进取、固陋顽冥的落后民族，近代以来的中国形象皆是与朱子学的历史走向与社会地位关联在一起，朱子学就此也成为日本的“中国形象”的一大文化符号。

第八章

江户时代朱子学的表象与位相

——以实学·真儒·正统为核心

◇吴光辉

日本学者吉田公平曾经指出：面对西学东渐的知识困境，提倡“致良知”的阳明学在日本对抗西方的过程中发挥出了显著的历史作用。尤其是到了明治后期，随着高濑武次郎《日本之阳明学》（1898年）、井上哲次郎《日本阳明学派之哲学》（1890年）以及三宅雪岭《王阳明》（1893年）、《传习录》（附佐藤一斋栏外书）等一系列著作的出版，乃至《阳明学》杂志的刊行（1894年），阳明学取代朱子学一跃占据了东亚学术的主导性地位。[①] 历史上，朱子学曾经影响了整个日本的江户时代、并与阳明学处于对立的地位。那么，它是否就此完全退出历史舞台，成为时代的落伍者？就此而言，笔者认为有必要探讨朱子学在日本尤其是江户时代的演绎，也就是本论尝试构筑起来的作为“实理之学”“真儒之学”“正统之学”的朱子学的位相，由此来探索其在日本江户时代的影响与价值之所在，同时也可以为如今确立朱子学的历史定位提供一个更为客观、公正的立场。

① 吉田公平：《阳明学研究史》，载冈田武彦：《阳明学的世界》，明德出版社1986年版，第457页。

一、作为“实理之学”的朱子学

围绕江户时代日本朱子学的萌生，藤原惺窝（1561—1619 年）可谓是其中一个不可忽略的重要人物。黄遵宪《日本国志》云：“自藤原肃始为程朱学。”并注云：“时海内丧乱，日寻干戈，文教扫地，而惺窝独唱道学之说。……自惺窝专奉朱学，林罗山，那波活所皆出其门，于是乎朱学大兴。”① 由此可见，正是藤原惺窝开启了江户朱子学的滥觞。

众所周知，藤原惺窝早年削发为僧，而后悟其非，皈依朱子学。因此，如何脱离时代流行的禅学，树立儒学自身的轨迹，也就成为其必须克服的最大课题。那么，藤原究竟是如何解决这一问题的？首先我们可以通过其弟子林罗山（1583—1657 年）的记载来论证。根据林罗山《惺窝先生行状》的叙述：“先生以为我久从事于释氏，然有疑于心。读圣贤书信而不疑。道果在兹，岂人伦外哉！释氏既绝仁种又灭义理，是所以为异端也。”② 也就是说，佛教绝仁种，灭义理，故而为异端；儒学推崇人伦义理，故而为正统。对此，林罗山还予以进一步解释，即《谕三人》一文所阐述的：“浮屠氏毕竟以山河大地为假，人伦为虚妄，遂绝灭义理，有罪于我道。故曰：‘事君必忠，事亲必孝’；彼去君臣弃父子以求道，我未闻君父之外别有所谓道也。故曰：‘吾道非彼所谓道也’。”③ 也就是说，我道——儒学之道、彼道——浮屠之道，二者截然不同，儒学之道乃是强调忠君孝亲之义理，注重君臣父子之人伦的道学正统。正因为如此，藤原惺窝强调指出：

① 黄遵宪：《日本国志》（下卷），吴振清、徐勇、王家祥点校整理，天津人民出版社 2005 年版，第 777 页。

② 林罗山：《惺窝先生行状》，载《藤原惺窝　林罗山》，《日本思想大系（28）》，岩波书店 1975 年版，第 224 页。

③ 京都史迹会：《林罗山文集》，塘鹅社 1979 年版，第 671—672 页。

“朱夫子者，继往圣，开来学，得道统之传也。”[①]

藤原惺窝或者林罗山所突出的义理人伦，实质上正落在了一个“实”字。这样一个实理，藤原惺窝在探讨《五事之难》之中解释指出：“夫天道者理也，此理在天未赋于物曰天道，此理具于人心未应于事曰性，性亦理也。盖仁义礼智之性与夫元亨利贞之天道，异名而其实一也。凡人顺理则天道在其中，而天人如一者也。徇欲则人欲胜其德，而天是天人是人也。”[②]也就是说，这样一个实理就是天道、性理。只要是人，皆必须依循这一天道或者实理，这就突出了朱子学作为“实理之学”的关键之所在。事实上，《朱子语类》就曾强调“吾儒万理皆实，释氏万理皆虚”，“佛氏偏处只是虚其理，理是实理，他却虚了”。因此，朱子学要强调实理，不可如佛教一般“空豁豁地更无一物”。[③] 不言而喻，这一“实理”把握亦是根植于朱子学的性理之说，其目的亦在于批判佛教之虚妄。

林罗山继承了藤原惺窝批判佛教的思想，并延续了其“实理”之说。他指出：“夫儒也实、佛也虚，定虚实之惑，滔滔者天下皆是。……《传》曰：‘攻乎异端，斯害也已。’程子曰：‘佛书如淫声美色，能易惑人。’朱子曰：‘寂灭之说，离而无实。’……呜呼彼所谓道者非道也，吾所谓道者道也。道也与非道也无他，实与虚也，公与私也。”[④] 不仅如此，林罗山还认为：“夫道者教人伦而已。伦理之外，何别有道？彼云出世间，云游方外，然则舍人伦而求虚无寂灭，实是无此理。”[⑤] 如果说藤原惺窝还只是突出人伦义理之“实”的话，那么林罗山则在这一基础上进一步强调了“天下”观念，强调了“教人伦”即“人伦之教”的问题，亦强调了“公与

---

① 藤原惺窝：《答林秀才书》，载《藤原惺窝　林罗山》，《日本思想大系（28）》，岩波书店1975年版，第98页。

② 藤原惺窝：《续惺窝文集》（第1卷），载《藤原惺窝　林罗山》，《日本思想大系（28）》，岩波书店1975年版，第92页。

③ 朱谦之：《日本的朱子学》，人民出版社2000年版，第523页。

④ 京都史迹会：《林罗山文集》，塘鹅社1979年版，第33页。

⑤ 林罗山：《杂著·释老》，载《藤原惺窝　林罗山》，《日本思想大系（28）》，岩波书店1975年版，第233页。

私”的问题。换言之，朱子学之所以成为必要，不仅在于它超越佛教之学、注重实理，同时也在于它有益于日本的“公与私”的人伦教化，乃至“天下”框架下的日本的自我认识。

林罗山尊崇朱子学，尤为强调程朱的“持敬”之说，[①] 但是并没有将之绝对化，更没有将朱子学视为不可动摇的存在。事实上，无论是藤原惺窝还是林罗山，皆不可称之为“纯粹”的朱子学者。林罗山曾撰写《神祇宝典序》云：“夫本朝者神灵之所挺生而复栖舍也，故推称神国。其号神器，守其大宝则曰神皇，其征伐则曰神兵，其所由行，则曰神道。”[②] 突出了日本作为神国、秉承神道的性格，提示了日本的自我认识——“神道·神国”的印象。不仅如此，林罗山还提到本朝神道即是王道，王道即是儒道，二者“理一而已矣。……呜呼，王道一变至于神道，神道一变至于道，道吾所谓儒道也，非所谓外道也，外道也者，佛道也。佛者，充塞乎仁义之路，悲哉天下之久无夫道也”。[③] 在此，林罗山将朱子学与日本神道进行了“嫁接”，指出二者实则为一体之学，佛教之学反而成为“外道”，且阻塞了仁义之路。[④] 这样一来，原本是外来之学的朱子学也就不再是外来的，而是日本神道的一个“转型”而已。就这样，朱子学成为日本论证自身存在“根源性”的一道工具。

二、作为“真儒之学”的朱子学

林罗山提出的“神道与儒道”“公与私”“儒道与外道”之辩，开启了江户时代的朱子学论争，为后世儒学者“纯化”自身立场提供了启示。最

---

① 朱谦之：《日本的朱子学》，人民出版社2000年版，第189页。

② 京都史迹会：《林罗山文集》，塘鹅社1979年版，第558页。

③ 京都史迹会：《林罗山文集》，塘鹅社1979年版，第804—805页。

④ 围绕神道与朱子学的问题，参考吴光辉：《日本神道理论依据的文化论思考——以近世神道的展开为线索》，载崔世广编：《神道与日本文化》，中国社会科学出版社2012年版，第272—280页。

为重要的一点，就是林罗山并不追求朱子学的一脉相承，而是兼顾阳明学，谋求调和，尊崇朱子而并不埋没于朱子的“格套”之中。[①] 这一观念亦深刻影响了日本的后世学者，尤其是到了江户时代中期，围绕朱子学的学术论争就是以这一批儒学者的自我认识——“真儒”之辩为中心而得以展开。

海西学派巨擘贝原益轩（1630—1704 年）的人生求学之“转向”，可谓是一大典型事例。根据贝好古编撰的《益轩先生年谱》记载：“先生素崇浮屠，日诵佛教，常念佛号，每月当佛日，则素食，拜佛堂。仲兄告之以浮屠之非，一旦悟其过，而终身不好佛，自是始知圣人之道可尊而深信之。”“先生尝好陆王，且玩读王阳明之书数岁，有朱陆兼用之意。今年始读《学蔀通辩》，遂悟陆氏之非，尽弃其旧学，纯如也。……由是益信濂、洛、关、闽之正学，直欲诉洙泗之流，专心致志，昼夜力学不懈，至忘寝食。”[②] 由此可见，贝原益轩经历了自佛教转为圣人之道，自陆王心学转为程朱之学的“转向”，由此而得到了“可尊而深信之”的、“纯如”的“正学”。在经历了这样的“转向”之后，贝原益轩树立起了自身作为一个朱子学者的形象。

不过，最为关键的是，贝原益轩在树立自身作为朱子学者的形象的同时，亦对于朱子的形象进行了重新的诠释与描述。贝原益轩曾提到自己无比崇拜朱子，“尊之如神明，信之如蓍龟”。[③] 他认为：“后之学者，讲习于经义，讨论于道理，而所以为学者，皆是依于朱子开导之功，故古今天下之学者，无不以朱子为阶梯。”[④] 而且，贝原益轩还站在整个儒学历史演绎的立场指出：“孔子之后，传圣人之教，而学到至处者，特孟子一人而已矣。……孟子之后，周程张及司马，并是圣贤，有功乎斯道之人，而程朱

---

① 朱谦之：《日本的朱子学》，人民出版社 2000 年版，第 186—187 页。

② 井上哲次郎：《日本朱子学派之哲学》，富山房。引自朱谦之：《日本的朱子学》，人民出版社 2000 年版，第 247—248 页。

③ 贝原益轩：《益轩全集》（第 3 卷），载《自娱集》，益轩全集刊行部 1910—1911 年，第 227 页。

④ 贝原益轩：《益轩全集》（第 3 卷），载《自娱集》，益轩全集刊行部 1910—1911 年，第 256—257 页。

之所传，最得其正。其学术，亦比之诸儒，特广大精详，可为后学之模范。……孔孟之后，惟此二子，诚可以为知道之人，学者之所当为宗师也。"[①] 不仅如此，贝原益轩还强调："朱子诚是真儒，可谓振古豪杰也。"[②] 在此，贝原益轩突出了朱子为"知道之人""振古豪杰""后学之模范"的个人形象，最为重要的一点，就是朱子乃是继承儒学"正统"、拥有广大精详的学术的"真儒"。

那么，是否只要纯粹地学习朱子学，就可以不偏不倚地成就"真儒"之道？事实上，贝原益轩在突出朱子的"真儒"之道的同时，亦强调了儒学者首先要还原到一个作为"学者"的身份，必须要"虚其心，平其气，而精虑之，详择之，而信其可信，疑其可疑，则可也"。[③] 正是站在这一立场，贝原益轩批判后来之儒者；"大抵后儒之论朱子，其失有二焉，其一，以朱子为不足信，而贬议焉；其二，以朱子为圣人，而不可加焉。以朱子为不足信者，固是冤枉也；以朱子为圣人者，亦是阿其所好也。此二者不知朱子之过也"。[④] 换言之，直接质疑朱子学问而不求知道者，实为不解其学术之广大精详之人；一味崇信朱子而不知变通者，亦非通明之士之所为。贝原益轩反对不明妄疑者，亦反对曲学蒙蔽者："只信可信，疑可疑，是通明之士之所为，乃为学良法。"[⑤]

贝原益轩为什么在高度评价朱子学与朱子的同时，亦采取怀疑的态度来对之加以认识？这一思想或者方法，应该说亦是来自朱子的方法。贝原益轩曾引用朱子语录，提到："古人曰：学者觉也。觉悟所不知也，故为学

---

① 贝原益轩：《大疑录》（卷上），载《日本伦理汇编》（第8册本），东京育成会1901年版，第210—211页。

② 贝原益轩：《益轩全集》（第3卷），载《自娱集》，益轩全集刊行部1910—1911年，第256—257页。

③ 贝原益轩：《大疑录》（卷上），载《日本伦理汇编》（第8册本），东京育成会1901年版，第209页。

④ 贝原益轩：《慎思录》（第5卷），载《日本伦理汇编》（第8册本），东京育成会1901年版，第140页。

⑤ 贝原益轩：《大疑录》（卷上），载《日本伦理汇编》（第8册本），东京育成会1901年版，第217页。

之道，在解疑开迷。是以学以能疑为明，以不能疑为不明。故朱子曰：大疑则可大进，小疑则可小进，不疑则不进。然疑有邪正，精思不得已而疑者正也，妄疑者凿也，不可为正。”[①] 换而言之，贝原益轩实则是利用朱子的方法（怀疑的方法）来质疑朱子、批判朱子学。

但是，这样的质疑或者批判如果不落到一个“实在”之处，那么也就不过是纯粹的方法之诡辩。贝原益轩之所以质疑朱子、批判朱子学，其根本的立足点即在于如何认识与落实“学问之道”的问题。贝原益轩指出：“学问之道，天下之公道。”[②]“故为学之道，惟以为善为事而已矣。”[③]“为学之道，以为仁为本，以忠信为主，以孝弟为先，以博文约礼为勤，以为君子为志。”[④] 贝原益轩叙述自身“文学之事，无一所能，百事皆拙陋，不能及于人也远矣，唯恐有勤苦读书，恭默思道之二事以及人而已”。[⑤] 就这样，贝原益轩将“学问之道”落实在勤苦读书、恭默思道的觉悟之中。

这样一个自我评价亦带有了批判时弊的内涵。正如贝原益轩所提到的，“满天下之事物众多，其理亦无穷，为学而得逐一通晓于其理，而无可疑，是人生一大快事，其乐可无穷。然今之学者，不专于究理之学，只为训诂章句之闲劳扰，而空过一生了，不亦误乎”。[⑥] 贝原益轩批判这一时期古学派沉迷于训诂章句的风气，突出了朱子学式的格物致知的实践。他所谓的“真儒”，其本意不在于学问的传承，亦不在于直接的怀疑，而是要将怀疑落实到具体化的实践，落实到自我身份的觉悟，最终归结于自身是否作为

① 朱谦之：《日本的朱子学》，人民出版社2000年版，第251页。

② 贝原益轩：《大疑录》（卷上），载《日本伦理汇编》（第8册本），东京育成会1901年版，第227页。

③ 贝原益轩：《慎思录》（第5卷），载《日本伦理汇编》（第8册本），东京育成会1901年版，第11页。

④ 贝原益轩：《慎思录》（第5卷），载《日本伦理汇编》（第8册本），东京育成会1901年版，第8页。

⑤ 贝原益轩：《大疑录》（卷上），载《日本伦理汇编》（第8册本），东京育成会1901年版，第232页。

⑥ 贝原益轩：《慎思录》（第5卷），载《日本伦理汇编》（第8册本），东京育成会1901年版，第63页。

"真儒"而存在，也就是一个"身份"（Identity）的问题。不言而喻，在这一过程中，朱子学成为日本学者怀疑往圣之学问，探求自我觉悟，寻找为学之道，乃至展开儒学批判，探究真儒本性的依据所在。

三、作为"正统之学"的朱子学

江户时代最为推崇朱子学的儒学者，或许莫过于山崎暗斋（1618—1682年）。按照其弟子佐藤直方（1650—1719年）所述："读其书，尊其人，讲其学，博文之富，议论之实，识见之高，实非世儒之所及焉，盖我邦儒学正脉之首倡也。"① 不过，山崎暗斋到了晚年提倡垂加神道，更是借助以"敬"为核心的朱子学基本概念，来构筑垂加神道的基本教义，从而将儒学的"大义名分论"与神道的"忠君报国"思想结合在一起。山崎暗斋的这一"转向"尽管遭到了古学派荻生徂徕（1666—1728年）的批评："暗斋其人始逃禅而归于儒，逃儒而又归于巫祝，其于圣人之道，实无所见可知矣。"② 但是，借助"大义名分论"来重述历史，提倡所谓"正统论"，却是江户时代末期朱子学派尤其是"水户学派"儒学者最为突出的、最具时代性的特征之一。

藤田幽谷（1774—1828年）被尊为后期水户学的元祖，代表作《正名论》开篇即提到："名分之于天下国家，不可不正且严，其犹天地之不可易欤。有天地然后有君臣，有君臣然后有上下，然后礼义有所措。苟君臣之分不正，而上下之分不严，则尊卑易位，贵贱失所，强凌弱，众暴寡，亡

① 佐藤直方：《韫藏警》、《讨论笔记》，第11—12页。引自朱谦之：《日本的朱子学》，人民出版社2000年版，第295页。

② 朱谦之：《日本的朱子学》，人民出版社2000年版，第307页。

无日矣。故孔子曰：‘必也正名乎。’”[①] 不过，藤田幽谷强调的正名或者大义名分，并不是学问之道，而是落实为日本国体的本质：“天朝天辟以来，皇统一姓，传之无穷，拥神器，握宝图，礼乐旧章率由不改，天皇之尊，宇内无二。”[②] 而后，根据这样的大义名分，藤田幽谷批判平安时代藤原氏的专权、镰仓室町幕府的霸道、丰臣秀吉挟天子以令诸侯、德川家康以干戈平定海内的雄图，也就是重新梳理了日本历史，突出了“正君臣之名，严上下之分”[③] 的观念。不仅如此，藤田幽谷还引用《通鉴序》，结合王霸之辩，宣称：“日本自古君子礼义之国，礼莫大于分，分莫大于名，不可不慎也。”[④]

藤田幽谷之所以提倡“大义名分”，一方面是为了契合江户时代“士农工商”的社会秩序，一方面则是针对外来危机而做出的必然反应。所谓外来危机，具体而言，也就是“北虏”的来航。自19世纪以来，俄罗斯侵略千岛、英国商船来航浦贺，藤田幽谷预感到了巨大的政治危机，称之为“实天地之一大变”，[⑤] 绝不是一时之祸。因此，他认为，“古之欲强兵者，必先富其国”，“有为之君，居安思危，必作内政以寓军令，今有北虏之警，幕府屡尝下令，沿海之诸侯豫备不虞，此强兵之良机不可失也”。[⑥] 也就是要站在一个武士的立场上，提倡富国强兵，加强国防，推行攘夷之策。

藤田幽谷的尊王攘夷说得益于朱子学的大义名分，亦是以此为根基来重述历史，维护日本国体。事实上，藤田幽谷对于朱子亦极为尊崇，他曾提到：“夫文公以豪杰之资，卓越之见，继千载之绝学，为百世之儒宗。”[⑦]

---

① 藤田幽谷：《藤田幽谷集》，载《水户学大系》（第4册），水户学大系刊行会1942年版，第342页。

② 藤田幽谷：《正名论》，载《水户学全集》（第4册），日东书院1933年版，第347页。

③ 藤田幽谷：《正名论》，载《水户学全集》（第4册），日东书院1933年版，第346页。

④ 藤田幽谷：《正名论》，载《水户学全集》（第4册），日东书院1933年版，第348页。

⑤ 朱谦之：《日本的朱子学》，人民出版社2000年版，第478页。

⑥ 藤田幽谷：《一的说》，载《水户学全集》（第4册），日东书院1933年版，第285页。

⑦ 藤田幽谷：《与赤水先生书》，引自朱谦之：《日本的朱子学》，人民出版社2000年版，第479页。

正是这样的崇拜，使藤田幽谷成为了朱子一般的人物，正如弟子会泽正志斋所认为的，“先生原于《春秋》尊王攘夷之义，尤谨于名分，君臣上下之际，华夷内外之辩，论之极详明”。[①] 尊王攘夷之说影响了后世，成为日本幕府末期社会变革的指导性思想之一。

那么，在这一时期，朱子学究竟发挥了什么样的历史作用，或者说处于一个什么样的历史地位？与“实理之学”“真儒之学”不同，这一时期朱子学可以说代表了“道学正统”。藤田幽谷之子、水户学派后期代表之一的藤田东湖（1806—1855 年）就指出：“夫神州之道，浮屠夺之，俗儒坏之，神道者流小之，古学者流殆明之而又从而晦之。”[②] 因此，他提倡“敬神、爱民、尚武”的神州之道。藤田东湖所谓的“神州”，并不是指中华，而是指日本，代表了江户时期日本的“小中华”思想。在此，作为外来的朱子学，成为引导日本奠定自身神国思想、神州之道的理论基石。

不仅如此，与藤田东湖借助朱子学进一步批判佛教不同，[③] 朱子学亦成为了幕末志士批判西学的思想武器。以大桥讷庵（1816—1862 年）《辟邪小言》的自序为例：“我大东之洲，神皇垂统，万古无革命。……其立国体维民心者，可谓正且大矣。奈何近世西洋学术之入也，诐淫邪遁，作于其心，害于其政者，靡所不有，而耳食之徒，翕然雷同，如蝼蚁之附臭肉，如流水之趋溪壑，其毒焰之所底止，殆不可得而测焉。……朱文正公有云：‘邪说横流，大为吾道之害。’故不得不极而言之，信与否则在乎人焉。”[④] 在此，大桥讷庵借助朱子排斥“邪说横流”的警戒之语，突出了日本国体的正统意识，批判西洋学术“作心害政”。换言之，朱子学的历史地位不仅在于归化统一日本的正统之学，同时也发挥出了维护神皇国体、反对西洋

① 会泽正志斋：《及门遗范》，引自朱谦之：《日本的朱子学》，人民出版社 2000 年版，第 474 页。

② 藤田东湖：《藤田东湖全集》（第 1 卷），章华社 1935 年版，第 279 页。

③ 朱谦之：《日本的朱子学》，人民出版社 2000 年版，第 510—511 页。

④ 大桥讷庵：《辟邪小言》（安政四年版），思诚塾 1857 年版，第 1—3 页。

学术的历史作用。尽管朱子学不曾获得所谓“国学”这样的称谓，但是却发挥出宣扬日本国体、突出神国精神的潜在基石的重要价值。

结论

整个江户时代，朱子学在日本经历了一个多重性的形象变迁。江户年代初期，朱子学作为“实理之学”而被日本知识分子重视而援用；到了中期，则演绎为“真儒之学”，成为日本知识分子确立身份的标志；到了末期，则是作为“正统之学”而被加以定位，以便于树立自身国体，对抗外来的文化冲击。审视江户时代朱子学的位相变迁可以看出，朱子学原本是一个外来的、中国的学问，但是不久被置于儒学与佛学的论争之中，而后经历了真儒之学与“俗儒之学”的论争，或者与日本的古学、国学的争辩，到了末期则是作为大义名分的国体之学，与非正统之学或者西洋学术相对抗。就在这样的对立、对抗的格局下，朱子学一步步地深入日本学问的内核，最终被转换为了所谓的“日本朱子学”。在这一过程中，无论是朱子学积极或消极的影响，皆处在了学术论争、学问对抗的前沿，且体现出了作为实理之学、真儒之学、正统之学的多样化的性格，经历了一个不断呈现、不断更新的命运转折。正因为如此，我们也不得不提出一个疑问，即“朱子学究竟是什么?”或许我们会不断地追逐朱子学的体系化，并尝试赋予这一体系化以合理的、历史的实证；或许我们会站在所谓“外部”的视野来谋求朱子学的价值或者意义的最大化，从而落入到现今的以“国民国家”为存在形式的“陷阱”之中——犹如为了区别于中国朱子学而假设了日本朱子学的存在，从而使朱子学以天下、人伦为关键的“广大精详”的思想被限定为了“中国人”的学问，从而剥夺了它作为思想而超越国家、超越民族的重大意义；或许我们也会站在现代性的视角来重新挖掘它的现代价值与创新意义，回味历史，展望未来。但是不管如何，历史上的朱子学实质上超越了“国家”的藩篱，成为了东亚的带有了普遍意义的学问。[①] 笔者认为，这不仅使朱子学具有了终极意义的历史定位，同时也是朱子学最为广大、最为精详的现代价值之所在。

① 就此而言，笔者赞同“东亚朱子学”这一概念，并认为这一概念的意义不仅在于超越地域，更超越了西方的“国家”这一普遍观念，成为一体多元性的文化共识。“东亚朱子学”这一概念，可参见朱人求：《东亚朱子学的新视野》，商务印书馆2015年版，第7—17页。

第九章

日本科举学的转型与评价
——以《对策则》为线索

◇吴光辉

作为中国为世界贡献的“第五大发明”，[①] 科举制度影响到了整个世界，尤其是处在中国周边的朝鲜、日本、越南等国家，从而在12—19世纪构成了一个独特的“东亚科举文化圈”。[②] 迄今为止，围绕日本“科举学”的研究，学术界或采取历史学的研究方法，以日本平安时代（794—1192年）的文献为依据，来梳理日本仿行科举制度、直接选拔人才的历史；[③] 或借助日本学者的研究，挖掘日本江户时代（1603—1867年）实施的“江户版的科举制度”，即1792年江户幕府在官办教育机构——昌平坂学问所导入“学问吟味”（GAKUMONGINMI，学问测试）的定期考试制度。[④]

① 刘海峰：《中国科举文化》，辽宁教育出版社2010年版，第408页。

② 这一概念最早出现在刘海峰：《科举考试的教育视角》，湖北教育出版社1996年版，第115页。最新研究可参见刘海峰：《东亚科举文化圈的形成与演变》，载《厦门大学学报（哲学社会科学版）》2016年第4期。

③ 围绕日本古代科举制文献史料方面的研究，可参见高明士：《日本古代学制与唐制的比较研究》，学海出版社1986年版，第277—278页；《隋唐贡举制对日本、新罗的影响》，载《古代中日韩关系研究》，香港大学亚洲研究中心1987年版，第65—102页；《宾贡科的起源与发展——兼述科举的起源与东亚士人共同出身之道》，载《唐史论丛》（第6辑），陕西人民出版社1995年版；刘海峰：《东亚科举文化圈的形成与演变》，载《厦门大学学报》（哲学社会科学版），2016年第4期。

④ 关涉这一时期日本科举学的研究，参见吴光辉：《日本科举制的兴亡》，载《厦门大学学报》（哲学社会科学版）2005年第5期；《科举考试与日本》，载《东南学术》2005年第4期；《近代日本的科举评价与文明转型》，载《厦门大学学报》（哲学社会科学版）2010年第3期。

事实上，围绕平安时代的日本“科举学”研究，可以依据日本在这一时期颁布的《养老律令》（718 年）之《职制律》《学令》《医疾令》等所谓的“律令”来加以考察，据此可推翻历史上日本不曾推行科举制度的“定论”。[①] 不过，就江户时代的所谓“学问吟味”即“江户版的科举制度”而言，尽管目前的学术研究可以直接落实到考试科目、评价基准乃至录取人数，[②] 但却始终无法论证这一考试制度与科举制度之间“必然”的关联性。就此而言，或许我们可以通过该考试的“及第者”——远山景晋（1764—1837 年）撰写的《对策则》（1796 年）这部考试参考书，来把握江户时代日本武士是如何应对“学问吟味”，且构筑起犹如“科举考试”一样的学问观念或者知识架构的过程，从而可以站在一个更具“广域”的视角来审视与把握该书的“文献学”价值乃至其在“东亚科举文化圈”的深远意义。

一、《对策则》的成书缘由

《对策则》是一部为应对江户幕府官办教学机构——昌平坂学问所的“学问吟味”考试，依据对朱子学的理解而提供参考答案、阐释作答技巧的手抄本考试参考书。《对策则》的作者远山景晋，是日本江户时期德川幕府的旗本（家臣）永井直令第四子，后被明知远山氏的远山景好收为养子。宽政六年（1794 年），远山参加第二次昌平坂学问所举行的“学问吟味”考试，以甲科笔头及第，而后被提拔为幕府臣僚。之后，远山担任长崎奉行、作事奉行、勘定奉行等一系列官职，并作为使臣巡查北方虾夷（现日本东北、北陆、北海道地区）、九州长崎与对马等地区。在这一时期，远山

① 辻本雅史：《日本德川时代的教育思想与媒体》，张崑将、田世民译，台湾大学出版中心 2005 年版，第 225—227 页。

② 大久保利谦：《日本的大学》，创元社 1943 年版，第 104—105 页。

作为幕府虾夷地区的行政长官接待过俄罗斯使节的长崎之行（1804 年），还作为幕府代表与来自朝鲜的“通信使”易地聘礼（1811 年），是一位活跃在江户幕府外交领域的杰出官吏。

与远山景晋一样，这一时期的狂歌师、通俗小说家大田南亩（1749—1823 年）也参加了“学问吟味”的考试，并撰写出版了考试参考书《甲寅延试稿》。不过，《对策则》因内容翔实、剖析到位、立场突出，在江户时代后期的武士阶层中广为流传，故而被世人尊为“考试宝典”。该书在一开始的“题言”部分，介绍了远山景晋被录取为“学问吟味”甲科笔头的经过以及他在外交事务方面的业绩。在“附言”部分他告诫大家，即便是通过了科场考试亦绝对不可自以为是，不可把“试学之式”视为绝对“正解”，不可忘却各人所存谬误之所在。换言之，为学者须持以精进之态度，注重学问之真知，不可忽略“为己之道”。[①] 不仅如此，“附言”还提到了“学问吟味”的考试不只是一场“举业之事”，同时还涉及“学问流派之事”“礼之事”，其中最为关键的就是必须确立学问的正统。远山景晋特别指出，考试者必须排斥“徂徕之学”——江户时代日本儒学者荻生徂徕（1666—1728 年）创立的古学派，重视“程朱之说乃是试场提倡”的学问。他之所以批判“徂徕之学”，提倡“程朱之说”，目的在于强调应当以朱子的注释为正统，突出朱子学的正统地位。

《对策则》一书的第 1—10 条，针对应试科目，即“讲义、经文、对问、纪事、论”等考试科目提供了示范性的文章。首先，远山景晋将“讲义之式”落实在了“小学”，并对中国古代典籍《论语》《诗经》《礼记》《贞观政要》《左传》《史记》等逐一进行讲解。在提到《论语》“子曰，巧言令色，鲜矣仁”时，远山景晋按照“章意、字训、解义、余论”的程序

---

① 这一观念体现了该考试注重人才品德、强调学问之道的内涵。就此而言，这一观念与朱子主张的“实践科举观”存在一致之处。参见李兵：《书院大师朱熹的科举生涯与科举观评析》，载《湖南大学学报》2004 年第 3 期；黄强：《朱熹倡导的应试动机及影响——科举史上一个值得关注的话题》，载《扬州大学学报》2007 年第 1 期；张全明：《朱熹对科举态度的转变及其改革主张》，载《南都学坛》2011 年第 5 期。

进行了示范性的诠释；在提到“对问”的考核方式时，他选择《左传》为例进行了讲解；在提到“纪事”时，他选择了日本的经典文献——《十训抄》《平家物语》《太平记》等进行讲解；在提到“论”时，他以“贾谊”为例进行了讲解。由此可见，《对策则》是以“学问吟味”的考试科目为准，逐一地提示范文、点明答题技巧，并结合中国与日本的古代经典，进行了详细而缜密的应试指导。

那么，《对策则》一书何以会出现？对此，我们需要站在一个历史的宏大背景下来加以解读。

首先，我们应当关注这一时期的历史背景，尤其是幕府设立昌平坂学问所的初衷。事实上，当时的江户幕府尤为需要“人才”。根据美国学者罗纳德·P. 多尔的研究，“18 世纪中叶以来，各藩所发布的公布设立藩校，或者改变教育政策、使之更为明确化的布令”之中，“人才”一词成为时代流行语而被不断提起。① 这一时期的日本地方藩校，或是接受来自中国的阳明学，或是兴起古学、国学或洋学一类的学问，成为江户时代新学问的滥觞。但日本幕府却没有像地方藩校一样采取灵活机动的方式来选拔人才，正如18 世纪中期朝鲜通信使书记官申维翰（1681—1752 年）在纪行文《海游录》之中的评述：“日本没有根据科举制度录用人才之法，官吏无论大小皆是世袭制，所以奇才俊物不能出世得以自鸣。民间人士之间，抱恨而去世者，多为此类。”② 幕府之所以设立昌平坂学问所，是为了培养幕臣；之所以推行“学问吟味”的考试制度，是为了选拔人才。一言以蔽之，也就是为了满足幕府巩固自身统治、充实自身机构之需要。

其次，这一时期的幕府究竟需要什么样的人才？在此，我们就不得不提到来自西方的冲击。承前所述，远山景晋在通过“学问吟味”考试之后被授予幕府要职，但他所担任的职务或在极北之地的虾夷，或在极南之地

① Ronald Philip Dore：《江户时代的教育》，松居广道译，岩波书店 1970 年版，第 40 页。
② 李进熙、道尔：《江户时代的朝鲜通信使》，讲谈社 1992 年版，第 274 页。

的长崎、对马，皆处在日本对外交涉的最前线。这一时期，西方与日本开始直接接触。远山景晋曾担任幕府代表，与俄罗斯特使尼古拉·彼得罗维奇·雷扎诺夫（Nikolai Petrovich Rezanov，1764—1807年）进行会晤，这一事件成为之后“文化露寇”事件的开端。[①] 远山景晋与朝鲜通信使之间的交涉往来，亦为这一时期的日本带来了中国、东南亚乃至西方的最新信息。[②] 就此而言，远山景晋所处的江户时代中期正是日本开始真正接触西方学问或世界观念、被纳入“世界史”的现代体系的时期，也是西方的冲击在日本逐渐呈现的一个时期。

再次，如何保障选拔人才的正确性，也成为幕府推行这一考试之际的最大考量。宽政二年（1790年），幕府权臣松平定信推行宽政改革，提出了“宽政异学之禁”，要求昌平坂学问所禁止教授非朱子学的学问，并制定了“圣堂学规”与职制规定，将昌平坂学问所自林家掌控下的“私塾”转变为幕府直辖的教学机关。[③] 不言而喻，这一改革的目的，就是应对来自地方藩学乃至西方学问的冲击，以实现幕府统一政令下的人才培养与思想教化。因此，自地方选拔了柴野栗山、尾藤二洲等一批学者到幕府担任臣僚之后，幕府就在昌平坂学问所开设了“学问吟味”的学术性考试。通过远山景晋的《对策则》，我们可以最为直接地认识到朱子学已成为学问所推行“学问吟味”考试的指导思想，成为日本德川幕府正官学、斥异学、贬胡言、立清流、传正统的一大工具，也是其培养第一流儒者、第一线外交家的重要阶梯。或许正因为如此，这一考试才被称为“江户版的科举制度”。

最后，远山景晋撰写的《对策则》，表面上看似一册为了考试及第而提

---

① 所谓“文化露寇”，是指1806—1807年，即日本“文化”年间，雷扎诺夫面对日本拒绝开国通商的局面，下令俄罗斯（日本称之为“露国”）军队攻击北海道择捉岛的事件。这一事件成为日本与俄罗斯早期接触交流的重要事件。

② 围绕朝鲜通信使的研究，可参见李进熙、道尔：《江户时代的朝鲜通信使》，讲谈社1992年版；复旦大学文史研究院编：《朝鲜通信史文献选编》，复旦大学出版社2015年版。

③ 1790年江户幕府下令昌平坂学问所，指出幕府自建立以来即世代崇信朱子学，朱子学乃是“正学”（正统教学），阳明学一类的儒学流派乃至新兴的“兰学”均为“异学”，此即“宽政异学之禁”。参见叶渭渠：《日本文明》，中国社会科学出版社1999年版，第167—168页。

示应试技巧、提供作答样本的小册子，实质上却涉及近代西方对日本的冲击、江户幕府的人才选拔、作为官学的朱子学与地方学问之间的冲突等一系列宏大背景。尽管这一考试制度不过是近代日本改革的宏大叙事下的一段“小插曲”，但是它却完全承袭了明代以来科举考试的精髓——以朱子学为典范来推行考试。这反映出来自东方的传统学问——朱子学在日本江户时代是如何借助政治体制而得以贯彻的过程，同时也间接体现了与“科举文化圈”彼此呼应的“朱子学文化圈”是如何得以树立起来的历史事实。①

二、多重视野下“学问吟味”的批评与思索

日本历史上是否曾实施过“科举考试”？围绕这一问题，学术界曾出现过不少讨论。事实证明，日本的平安时代不仅积极引进唐朝律令，制定了开科取士的制度，还在一个相对漫长的时期内实施选拔考试，录取了一批贵族子弟进入官僚机构。那么，作为“江户版的科举制度”，日本幕府下属的昌平坂学问所是如何推行考试，采取了怎样的程式，具有怎样的重大意义？下面，我们将就这一问题展开阐述。

首先，就历史传承的角度而言，与中国明、清时代的科举制度以大众化的社会阶层为对象存在着显著的不同，江户时代幕府施行的“学问吟味”事实上是以隶属于幕府的旗本、御家人及其子弟为对象的学术性考试。与“学问吟味”同步推行的，是“素读吟味”的定期考试。所谓“素读”，即

① 日本学者认为，这一时期施行的“学问吟味”的考试制度本质上不同于中国的科举考试，亦不同于儒教文化圈其他国家所施行的科举考试。他们尤为突出这一考试所具备的“教化”功能，并将之视为近代日本的教育原型。参见辻本雅史：《日本德川时代的教育思想与媒体》，张崑将、田世民译，台湾大学出版中心2005年版，第222—225页。但不管是设置的目标还是考试的程式，皆不可否认这一考试制度与明、清时代的科举制度存在着密切的关联性。不仅如此，日本学者的考察亦大多将科举考试限定在单一性的人才选拔，忽略了科举考试所具备的集选拔、教化、传承等为一体的全方位的功能。参见刘海峰：《科举学导论》，华中师范大学出版社2005年版。

采用汉音诵读经典原文。不过，“素读吟味”并不是吟诵中国古典，而是以7—14岁的幕府臣僚的子弟为对象，以测试生员的学习水平与基本素质为目的而举行的一年一次的口述考试。而“学问吟味”则是每三年举行一次的学术性考试，其实质是竞争性质的、以考究学问为核心的选拔性考试，目的是进一步奖励正统学问、扩充幕府臣僚。

“学问吟味”这一形式之所以得以确立下来，首先源自宽政二年松平定信进行的“宽政改革”。1792年，幕府设立昌平校，延请朱子学者，举行朱子学讲义，至1794年举行第二次“学问吟味”（实质上为第一次），自此一直延续到庆应四年（1868年），即明治元年，先后累计实施了19次。依照日本学者桥本昭彦的研究，这一时期通过“学问吟味”的人员如表9－1所示：

表9－1　江户时代“学问吟味”合格人数一览

回数	年代（西历）	考试人数	甲科	乙科	丙科	合格总数
1	宽政四年（1792）	280	（公布成绩，未进行表彰）			
2	宽政六年（1794）	237	*5 [4]*	*14 [5]*	28 *[14]*	47 *[23]*
3	宽政九年（1797）	249	*2 [2]*	*21 [17]*	12	35
4	宽政十二年（1800）		*2 [2]*	*25 [18]*	21	48
5	享和三年（1803）		*7 [5]*	*22 [13]*	26 *[18]*	55 *[36]*
6	文化三年（1806）		*6 [3]*	*25 [14]*	33 *[20]*	64 *[37]*
7	文化十五年（1818）		*3 [2]*	*11 [8]*	28 *[18]*	42 *[29]*
8	文政六年（1823）		*5 [3]*	*14 [9]*	18 *[15]*	37
9	文政十一年（1828）		*4 [4]*	*11 [10]*	20 *[15]*	35
10	天保四年（1833）		*2 [1]*	*6 [4]*	10	18
11	天保九年（1838）		*4 [2]*	*9 [7]*	17	30
12	天保十四年（1843）		*5 [3]*	*25 [13]*	36	66
13	弘化五年（1848）		*4 [2]*	*22 [15]*	30	56
14	嘉永六年（1853）	200 *[116]*	*3 [1]*	*35 [24]*	37 *[21]*	75 *[46]*
15	安政三年（1856）		*4 [1]*	*48 [33]*	55	107
16	安政六年（1859）		*4 [2]*	*44 [29]*	40	88

续表

回数	年代（西历）	考试人数	甲科	乙科	丙科	合格总数
17	文久二年（1862）		*3* ［*1*］	*49* ［*32*］	42	94
18	元治二年（1865）	*71* ［*40*］	*3* ［*2*］	*34* ［*18*］	*20* ［*12*］	*57* ［*32*］
19	庆应四年（1868）	*54* ［*31*］	（公布成绩，未进行表彰。报考人数64人）			
合计		—［—］	*66* ［*40*］	*415* ［*269*］	473［—］	954［—］

备注：［］内数字为旗本人数，斜粗体为姓名、职衔已知者人数，空栏表示不详①

由此可见，参与“学问吟味”的考试者大多是幕府臣僚及其子弟。他们通过考试之后，并不直接被授予官职，还需要接受所谓“番入”(BANIRI)，即针对考试及第者的品行、学问、武艺、父辈的任职等为内容的录用考核，而后才可被录用为“吏僚”。② 就此而言，日本的“江户版的科举制度”与唐朝“叙位任官”的科举制度不同，更为接近于以奖励学问、推动教育为目的。不言而喻，录用者中也不乏由此一鸣惊人而为幕府提拔重用之人。以嘉永六年（1853年）乙科及第的中村正直（1832—1891年）为例，考试合格之后他被录用为“儒者”，担任昌平坂学问所教谕，而后经幕府委派率队赴英国留学，归国之后即成为“明六社”——明治六年(1873年）成立的以文明开化为目标的启蒙学术团体成员之一，并翻译了《西国立志编》这部被誉为国民道德教科书的西方经典。③ 这一时期，不论是昌平坂学问所还是地方藩校、名家私塾，基本上皆采取以“素读”为手段的读书方式，结合“素读吟味”“学问吟味”的考试方式。通过这样的考核方式，江户时代的学问知识获得“均质化”的推广与普及。④

其次，就科举程式的角度而言，昌平坂学问所采取日本前所未有的考

---

① 桥本昭彦：《江户幕府学问吟味考试者的学习经历：以天保改革以来为中心》，载《日本的教育史学》（第32卷），1989年。

② 石井耕：《御家人和昌平坂学问所·学问吟味》，载《北海学园大学学园论集》2009年第140号。

③ 肖朗：《东西文化观与近代中日文化交流——以日本“另类”启蒙思想家中村敬宇为考察中心》，载《浙江大学学报》2017年第5期。

④ 中村春作：《江户儒教和近代的“知”》，塘鹅社2002年版，第113—116页。

试程序，代表了江户时代日本选拔人才程式的新发展。“学问吟味”的考试者必须经历一段在昌平坂学问所的准备时期，即参加作为校内考试的“春秋试”——“大试业”。根据天保十二年至十三年（1841—1842 年）的学政改革，该考试被确定为春、秋两次分科进行。“春秋试”的出题内容、出题方式完全模仿“学问吟味”，对优秀者予以奖励，授予官版书籍。

昌平坂学问所的“学问吟味”考试的程序与科目，与中国的科举考试尤其是明清时期的科举考试基本保持一致。“学问吟味”分为“初试”与“本试”：“初试”以小学、四书、七经为题目进行考试，合格者才能进入“本试”；“本试”分为“经义科”“历史科”“文章科”，分别考试经义、历史、作文。前者持续一天，后者持续四天。由此可见，“学问吟味”基本上承袭了中国科举考试的核心内容。不仅如此，江户时代还出现了专门针对“学问吟味”笔试技巧的书籍，也就是“辩书”——《学问所御试辩书并御达书》。所谓“辩书”，就是以经书的一章为考试内容，要求采取“章意”“字训”“解义”“余论”的固有顺序来加以阐述。具体而言，“章意”是阐述章节大意，“字训”是就出现的字句展开训诂解读，“解义”是详细解读原文，“余论”是引用其他章节或书籍来加以穿插论述。这样一种固有的答题方式可以媲美明、清时期的“八股文”的格式，带有规范性的功能。①

在试卷评阅方式、评阅基准、综合判定等方面，“学问吟味”也充分学习中国明、清时期的科举考试。在评阅试卷之际，为了防止科场舞弊等不良行为，“学问吟味”采取科举考试式的“糊名”制度，隐匿考试者的姓名；为了防止考官通过字迹来辨认考生，由读卷官诵读来进行阅卷；在确立评阅客观基准的同时，还设置了上上、上中、上下、中上……下下等九

① 事实上，幕府在导入“学问吟味”之际，就在昌平坂学问所以“辩书”或历史的“对问”方式举行过一场说明会，尝试进行规范式的解释。参见桥本昭彦：《江户时代评价中的统制论与开发论的相克——以武术阶级的考试制度为中心》，载《国立教育政策研究所纪要》2005 年第 34 集，第 21 页。

个品阶来进行评价。最终采取各位儒者即评阅人一道参与会议的方式，综合衡量考试者的各个科目，予以综合评价。不言而喻，这一综合判定的方式亦参考了中国科举考试的判定形式，从而为下一阶段的“番入”（选拔臣僚官吏的阶段性考试）奠定了基础。

最后，就思想文化的角度而言，江户幕府实施的“学问吟味”一直延续到明治维新的前夜，成为日本接续近代官吏录用制度的一个过渡阶段。那么，“学问吟味”究竟发挥出了怎样的影响？具有怎样的历史意义？对此，我们一方面需要站在整个东亚的思想史或者说朱子学比较的视角来加以分析，另一方面则需要站在“世界史”的视角来重新加以评价。

从整个东亚的朱子学比较的视角来看，江户时代昌平坂学问所实施的教育，是以武士为对象，以朱子学的经典为教材，以“学问吟味”的考试结果为评价基准的官办教育。因此，朱子学被称为“官学”，成为幕府落实学问所—藩校—乡学—手习塾（寺子屋）的系统学校构想、①引导国民教育、推动伦理道德建设的一大工具。幕府末期，这种教育方式受到一批开明武士的深刻批判。吉田松阴在《讲孟余话》（1855年）中批判江户时代推行的是一种“功利性的学问观”，武士皆以立身处世为目的；②后世的部分学者亦批判这样的教育方式犹如中国的科举考试，不注重考试者的训练或实践，提倡应当将重点放在考察“有德之人”的品行与行动。③由此可见，在这批学者的眼中，“学问吟味”在深刻贯彻以朱子学为中心的学问教育、以科举考试为蓝本的考试程式的同时，亦不免成为阻挡日本接受西方学问、走向西方化的一大“阻碍”。

从世界史的视角来看，所谓“朱子学”为什么会成为日本近代的“绊

① 辻本雅史：《近世的政治与教育：与儒学思想的关联性》，载《教育学研究》1999年第58卷。

② 桥本昭彦：《江户幕府的学问吟味——论考试制度对于武士阶级功利性的学问观的形式的影响》，载《教育学研究》1984年第51卷第1号。

③ 横山尚幸：《江户时代儒者的科举观——以室鸠巢的人材录用论为对象》，载《国立教育研究所研究集录》1994年第29卷。

脚石”，或者“科举制度”为什么会成为西方人乃至日本人所批判的中国文化的“三大祸害”?[①] 不言而喻，这样的批判大多是站在西方学问的立场，站在把西方的文明史观作为世界文明的发展方向这一大前提下而展开的。事实上，朱子学的思想突出“大义名分”的观念，构筑起了日本前近代“尊王”思想的前奏;[②] 朱子学的教育方式不断深入日本的民间阶层，构筑起了日本接受西方学问的文化基础乃至近代日本“国民教育”的核心内容。[③] 换言之，尽管日本不曾实施完全中国化的科举制度，但是“学问吟味”在人才理念、教育方式、考试科目、评价基准等方面皆与中国明、清时期的科举考试大同小异。尤其值得一提的是，它真正地发挥出引导教育、培养人才、选拔能吏的考试功能，故而可以站在一个“东亚科举文化圈”的立场下来加以重新评价。

三、重新评价《对策则》的文献学意义

那么，作为日本“学问吟味”的考试参考，《对策则》具有怎样的意义与价值？尤其是处在当下“中国文化走出去”这一新的历史形势下，我们应该如何来把握它的存在意义与真正价值？笔者认为，应当站在文献学的立场对其重新加以探讨。

何谓“文献学”？这一概念来自希腊语的“philologia”，是“以文献和文献发展规律为对象的一门学科”。[④] 但是，审视这一概念的传承与演绎，

① 刘海峰:《重评科举制度——废科举百年反思》，载《厦门大学学报》(哲学社会科学版) 2005 年第 2 期。

② 朱坤容:《幕末勤王思想对明治维新的影响——以水户学为中心》，载《世界历史》2016 年第 4 期。

③ 辻本雅史:《日本德川时代的教育思想与媒体》，张崑将、田世民译，台湾大学出版中心 2005 年版，第 225 页。

④ 张强:《西方古典文献学的名与实》，载《史学史研究》2012 年第 2 期。

尤其是西方文艺复兴史，可以发现这一学问与文艺复兴时期的“人文主义”思潮存在着千丝万缕的联系。根据日本学者近藤恒一的研究，文艺复兴时期的人文主义者并不是将古典纯粹作为“文献”来加以解读，而是认为阅读古典乃是与作者直接交流、寻求“对话”的一种方式，[①] 由此树立起自身的逻各斯（logos）即语言，从而得以完善自身的人格。也就是说，文献学的最大意义绝不在于文献本身，而是在于作为主体的阅读者与文献的撰写者之间的“对话”。换言之，探究《对策则》的文献学意义，并不只是探究这一小册子阐述的日本武士是如何准备“学问吟味”的考试，如何构筑起以“辩书”为核心的解答范式。我们更应该看到的，是日本如何借助中国古典来阐述日本自身的问题，是如何展开与中国学问之间的对话从而获得一种自我存在的依据或理性判断的问题。这也是笔者试图阐释的《对策则》作为文献学材料的“对话”意义。

首先，这一“对话”的意义体现在“文明母体与变异体”的“对话”之中。作为“文明母体”，中国之所以能够维持自身的地位与价值，正如19世纪末美国传教士丁韪良（W. A. P. Martin，1827—1916年）所言：“科举制对维护中国的统一和帮助它保持一个令人尊敬的文明水准，起到了比任何其他制度更大的作用。”[②] 作为中国文化的“变异体”，尽管日本在传承中国文化之际采取了有所选择的态度，但却始终保持大方向的一致性。就此而言，《对策则》一书所印证的，正是日本借助中国文化这一“母体”展开对儒家经典的诠释，同时通过援引日本自身的文化经典而将其文化思想纳入朱子学的思想体系之下。尤其是《对策则》中关于日本古典《十训抄》《平家物语》《太平记》一类的引用与诠释，无不借助了朱子学的理论与思想。换言之，日本文化即便是作为“变异体”，也依旧遵循以朱子学为核心的“大义名分”，成为中华母体文化的一大延续。

---

① 近藤恒一：《试论文艺复兴》，创文社1985年版，第124页。

② W. A. P. Martin, *A Cycle of Cathay, or China, South and North with Personal Reminiscences*, Edinburgh and London, 1896, pp. 42－43.

其次，这一“对话”的意义体现在“中心与边缘”的对话机制之中。何谓“中心与边缘”？这一范畴在阐述中国与日本的历史之际，经常被表述为“东亚”古代以中国为中心、日本为边缘，近代之后以日本为中心、中国为边缘的二元对立结构，从而将中国与日本之间的定位确立为“中心与边缘”的关系。[①] 这一关系的确定或许是以历史事实为依据，但最为关键的是之后的推导，即依照“中心与边缘”的框架设定是无论如何也推导不出和平、平等、双赢的理念。换言之，在这样的逻辑框架设定之下，只会产生对抗、对立乃至征服的逻辑。或许正因为如此，在如今围绕科举文化圈的研究中，我们亦可以看到：一方面日本论证了科举制度尤其是以“学问吟味”为标志的“江户版的科举制度”在日本的演绎与发展，另一方面是日本学者针对日本接受中国科举制度的根本事实予以否定与批判。[②] 作为实证性的文献资料，《对策则》有效地论证了一点，即日本施行与科举考试几乎一致的“学问吟味”的考试形式，具有与科举考试一样的以朱子学为核心的考试内容，设置与科举考试几乎一致的考试科目，亦制定了与科举考试几乎一样的对合格者加以提拔录用的选拔制度。换言之，《对策则》可以让我们进一步回味与反思具有“东亚”传统、体现“东亚”文明的“科举文化圈”。

最后，这一“对话”的意义实质上亦体现在中国与日本作为各自“文化实体”之间的对话。站在“东亚朱子学文化圈”或者说“东亚科举文化圈”的立场，我们如何来认识这一文化圈内部的问题。依照中国人的思维或逻辑，或许我们会期待一个“和而不同，是为大同”的文化格局。也就是说，《对策则》所彰显出来的“对话”意义，最终会落实到日本或中国自

① “中心与边缘”的研究框架最早来自美国学者费正清（John King Fairbank，1907—1991 年），而后一批日本学者尤其是右翼学者江藤淳（1932—1999 年）借助这一范畴来宣扬日本的“二次战败论”，指出日本即便是到了冷战之后亦处在边缘地位，故而希望日本可以成为一个“正常国家”。参见江藤淳：《日本第二的败战》，载《文艺春秋》1998 年 1 月。

② 吴光辉、张凌云：《宫崎史学与科举评价——以〈科举史〉为中心》，载《厦门大学学报》（哲学社会科学版）2014 年第 6 期。

身的文化建设之中。审视迄今为止的日本文化道路，正如“和魂汉才”“和魂洋才”“和魂美才”这一系列标语所示，日本矢志追求的“和魂”始终不变，但是作为实现这一目标的“才”却经历了自“汉才”到“洋才”再到“美才”的转换，而且日本始终未能实现最为根本的“和魂和才”的立场。尤其是明治维新之后，日本接受了西方式的现代化，把中国学问批判为阻碍历史进程的落后思想，并把中国描述为一个与西方文明截然相反的野蛮、落后、愚昧的形象。① 科举制度在这一过程中亦被视为中国的“一大祸害”。事实上，即便是日本自身，大概也不会否定江户时代“学问吟味”的积极作用与有效价值。② 换言之，若是站在彼此各自为文化实体的立场来加以思索的话，《对策则》恰如其分地展现了以朱子学为基础、科举考试为形式、选拔人才为目的的异文化间的真正对话。

不言而喻，作为文献学的重要资料，《对策则》的历史意义绝不只是如此。如果从“对话”这一范畴来加以理解，反而可以让我们认识到这部小册子的重要意义与历史价值。一方面，可以让我们认识到“江户版的科举制度”是如何实施、如何选才的问题，由此而认识到作为东亚文化之一的日本文化的本质所在；另一方面，可以让我们从科举学的文献研究拓展到跨文化学的研究，从而站在跨文化学的视角进一步认识“科举文化圈”的宏观价值，认识到作为世界之一隅的“东亚”在推动文化共同体、命运共同体建设之际曾经做出的贡献。

---

① 吴光辉：《他者之眼与文化交涉》，厦门大学出版社 2013 年版，第 124—132 页。

② 正如日本学者辻本雅史所指出的，最为深层地理解西方的思想与学问的人，尤其是以明治时期的名流为代表的一批人，实质上就是最为了解传统日本学问——儒学的一批人。参见辻本雅史：《作为哲学（思想）的儒教：日本近世儒学研究的素描》，载《大谷大学真宗总合研究所研究纪要》，1997 年第 14 号，第 54—55 页。

后　记

2018年6月25—26日，在中国朱子学会、厦门大学国学院的支持下，本人不以学问之鄙陋、不以见识之浅薄，举行了“日本朱子学的承传与创新学术研讨会”，邀请了日本立命馆大学桂岛宣弘教授、中华日本哲学会会长王青研究员、中国社会科学院哲学所龚颖研究员、中国社会科学院日本所崔世广研究员、中国朱子学会副会长朱人求教授、上海师范大学哲学学院石立善教授、贵州师范大学历史与政治学院娄贵书教授、日本立命馆大学殷晓星博士后、武汉大学哲学学院陈晓杰助理教授、厦门理工学院陈其松助理教授、厦门大学外文学院王晓雨助理教授、江西理工大学外国语学院肖珊珊助理教授等一道参加，共同讨论日本朱子学的传承与创新，研讨朱子学在海外的传播途径与传播媒介，而后则编辑了论文集，取得了丰富的研究成果。

基于这一研究盛举，鉴于海外朱子学研究的美好前景，在经过与会者协商之下，拟就数年来各个专家学者的代表性研究予以编辑整理，冠以日本朱子学的理论承传、日本朱子学的思想转变、日本朱子学的话语批评的标题，就此进行系统规划，以作为目前日本朱子学的研究前沿来推之于世，以推动海内外朱子学研究的审视与思索，推动中国朱子学会的朱子学研究乃至国学研究的进一步深化。

不过，作为行文，本人在此亦不得不回归历史场域来予以阐明，即日本针对中国的表述，尤其是到了近代以来，无论是日本政府，还是民间人士，抑或是学术界，大多采取了“支那”这一表述。本书本着批判的态度，亦抱着批判还原的方法，在引用之际就此进行了直接引用，在此特予以记之，望读者予以同等态度审视批判之。

在此，谨标示出各篇论文的著者与出典，以备审阅批评。

[1] 龚颖：《林罗山与朱子学——以理气论为中心》，原标题：《林罗山理气论的思想特色》，载《中国哲学史》2018 年第 4 期，第 99—105 页。

[2] 王青：《芦东山与朱子学——以〈无刑录〉教育刑论为中心》，原标题：《近世日本的“德治”与“法治”观念解析——以朱子学者芦东山〈无刑录〉教育刑论为中心》，载《哲学动态》2017 年第 9 期，第 63—70 页。

[3] 陈毅立：《横井小楠与朱子学——以格物致知论为线索》，原标题：《论朱子学与横井小楠之心思想关联》，载《日语学习与研究》2017 年第 2 期，第 112—119 页。

[4] 王青：《安东省庵与朱子学——论朱子学的日本化》，原标题：《朱子学在江户时代的一种“日本化”模式——以安东省庵为例》，载《中国哲学史》2018 年第 4 期，第 106—111、128 页。

[5] 陈晓杰：《伊藤仁斋与朱子学——以“同民之好恶”论为契机》，原标题：《伊藤仁斋的“同民之好恶”论》，载《中国哲学史》2016 年第 2 期，第 122—128 页。

[6] 吴光辉：《近代以来日本视域下的朱子学——以中国形象为方法》，原标题：《近代以来日本视域下的朱子学》，载《思想与文化》2017 年第 20 辑，第 261—276 页。

[7] 吴光辉：《江户时代朱子学的表象与位相——以实学·真儒·正统为核心》，原标题：《江户时代朱子学的表象与位相》，载《厦门大学学报》2016 年第 1 期，第 52—57 页。

[8] 吴光辉：《日本科举学的转型与评价——以〈对策则〉为线索》，原标题：《日本“科举学”的转型与评价——以江户时代的〈对策则〉为中心》，载《厦门大学学报》2019 年第 3 期，第 105—112 页。

正在编辑该书之际，朱人求教授正率领海内外学子一道重走“朱子之路”。事实上，这一条路不只是我们的学习之路，同时也是我们的人生之路。本研究的编辑也不过是这样的道路之中的一道阶梯而已。在此，我谨向支持本研究并为之作序的朱人求教授、大力支持本研究的王青教授、和溪博士后、殷晓星博士后，为本书的编辑而参与审阅的熊娟博士、王嘉博士、梁曦博士、杨译硕士等一并致谢。就在本书编撰完成的时候，我应友人之邀到了武夷山大安源一游，特此赋诗一首以自勉。

浮生如梦探遗踪，竹薮茶山幽谷风。
蔓草峻岩垂白练，沉渊绝涧对苍穹。
峰移路转徒惆怅，柳绿花红叹寂空。
但愿此心长抱月，莫随流水去匆匆。

吴光辉　谨记

2019 年 7 月 24 日南光三 523